圈子·段子之

皇帝与文官：亲密的危险关系

张嵚 ◎ 著

西南财经大学出版社
Southwestern University of Finance & Economics Press

图书在版编目(CIP)数据

皇帝与文官:亲密的危险关系/张嵚著. —成都:西南财经大学出版社,2016.3
ISBN 978-7-5504-2286-5

Ⅰ. ①皇… Ⅱ. ①张… Ⅲ. ①政治—谋略—研究—中国—明代
Ⅳ. ①D691

中国版本图书馆 CIP 数据核字(2016)第 002709 号

皇帝与文官:亲密的危险关系
HUANGDI YU WENGUAN:QINMI DE WEIXIAN GUANXI

张嵚 著

责任编辑:李特军
助理编辑:李晓嵩
封面设计:李尘工作室
责任印制:封俊川

出版发行	西南财经大学出版社(四川省成都市光华村街 55 号)
网 址	http://www.bookcj.com
电子邮件	bookcj@foxmail.com
邮政编码	610074
电 话	028-87353785 87352368
印 刷	郫县犀浦印刷厂
成品尺寸	145mm×210mm
印 张	8.25
字 数	170 千字
版 次	2016 年 3 月第 1 版
印 次	2016 年 3 月第 1 次印刷
书 号	ISBN 978-7-5504-2286-5
定 价	30.00 元

目 录

上篇　君圈

朱元璋做的这些事

从草根到帝王，明太祖朱元璋的奋斗史，堪称是中国古代史上最励志的奇迹。

但是当他登基建国，正式完成这个奇迹后的很多年里，他却并不高兴，甚至时常忧愁，在登基的最初十二年，连每年的生日都不过。每到自己生日那天，他会一个人呆在深宫里发呆，躲着不见群臣。

以他后来给大臣们的诏书解释说：每到自己生日那天，他就会想起自己因贫困而死的父母亲人，于是悲伤万分，生日也就成了苦日。

但是从洪武十三年以后，朱元璋却一反常态，每年开始高高兴兴地过生日了。至于原因，同样以他诏书的话说：现在全国经济繁荣，民生安定，父母在天有灵也会高兴。所以生日自然变成了喜庆。

于是朱元璋忧愁的原因，也就清清楚楚：并非仅仅怀念故去的亲人，而是当时他越发感到，自己这个有史以来最奇迹的皇帝，很可能也是有史以来最倒霉的皇帝。

因为当时他面对的，是中国历代封建王朝开国时最严峻的经济形势，堪称一穷二白，内忧外患，百业凋敝。

从那以后，从不服输的朱元璋，也用了三十年时间，完成了他人生里最后也是最大的一个奇迹：把一个经济残破凋敝的明王朝，缔造成一个国富民强的盛世——洪武盛世。

他怎么做的？

明朝开国有多穷

一般来说，但凡是一个经历过天下大乱、群雄割据，最终完成统一的王朝，必然会面临因战乱而经济破败的局面。主要的困难，简单说就是四个字：人少！地荒！

对于历代封建王朝来说，劳动力和土地，都是最重要的两件事：中国自古以农业立国，有劳动力才能种地，有地种才能收农业税，有税收政府才能运转，王朝才能稳固。人若少，地就荒，地荒了，国家就麻烦。

以这两件事来讲，明朝开国面临的，是历代前所未有的大麻烦。

有多麻烦？就举几个地区为例：宋朝故都开封，按照地方官的奏报，土地大量荒芜，人口极度减少；山东首府济南，周边大量荒地，招人耕种都凑不起人；西北重镇河州，整个城池大多是废墟，里面尽是白骨堆积；荆州白水镇，元末还有几万人，此时全是一堆瓦砾，连人影都没有；瓷都景德镇，人口减少了九成，房屋大多毁弃，人烟稀少……

以上这些情景，绝非地方个例，相反却是当时中国，大江南北几乎司空见惯的事实：城池基本是废墟，农田大多是荒地，甚至到处是无人区，好些繁华的乡镇更完全成了一片死城……

为什么会闹成这样？原因有很多，元朝九十七年失败的统治，诸如乱发纸币等政策，几乎都是搜刮多、建设少。国家连年闹灾，元朝统治的最后二十五年，大规模的蝗灾就有十九次、大饥荒十五次、水旱灾五十九次，可谓天灾人祸齐集。十七年惨烈的元末农民战争，其战斗密集程度之高、过程之惨烈、波及范围之广，更是前所未有，仅百万人规模的城池攻防战，就有高邮之战、洪都之战、平江之战等多次，太多昔日繁华的城池，几乎都在战火中灰飞烟灭。至于战争范围，更是空前扩大，红巾军的北伐一直打到辽东，南方的福建等省更是内乱频频，而朱元璋与陈友谅、张士诚俩枭雄争天下的主战场，更是传统经济区——长江流域。大江南北，几乎都给打烂了。

与之前几大封建王朝比，也可看出明朝当时局面有多难：唐朝开国，虽然也历经战乱，但唐之前的隋朝的丰厚的钱粮储备，还是成了后来唐王朝开国治天下的家底。宋太祖赵匡胤黄袍加身得到的，是一个历经后周两代帝王苦心经营、初具繁荣的国家，给北宋的繁荣打了底。元朝一统天下，先有忽必烈在北方的苦心建设，后又全盘接过南宋的富庶家当。要论开国的本钱，比明王朝此时更惨的，恐怕也只有两汉王朝了。

如果论经济条件说，两汉开国的局面都不比明朝好多少。无论西汉高祖刘邦，还是东汉世祖刘秀，开国后的第一件事就是搞发展，就连边境上匈奴闹得欢，也得打落门牙忍下这口气。

但就这点说，明朝却比两汉还要难：两汉尚且还能忍一口气，求个和亲，争个和平环境。而明朝，却连这条都没得争。

朱元璋举行登基大典的时候，大明王朝的统一战争并未真正结束。徐达、常遇春的北伐大军，还正在浴血奋战。一直到这年七月，明朝军队才攻克元大都，驱逐元王朝，随后又一路北进西讨，发动对元朝残部的征伐，相继收复山西、陕西、甘肃各省并招抚收服青藏。这期间双方在北方发动了多次十万人以上规模的大会战。一直到洪武五年（1372年），北方才暂时太平。南方一直到洪武十四年（1381年），明朝军队才平定云南，彻底扫平南方。然后洪武二十年（1387年），明朝收复辽东。换句话说，仅完成国家的统一战争，大明王朝就断断续续用了二十二年。更何况与元朝残余力量，即北元王朝的对峙，更是终朱元璋一生。

这就是明朝此时的困局，以一个经济凋敝的江山、没有和亲妥协的可能，却要在支撑长期战争的同时，完成国民经济的恢复与稳定。仅此一条，便是一个艰辛的任务。更何况开创盛世和奠定伟业，这更是难上加难。

然而就这么一个难上加难的事，明朝却真办到了，三十年的苦心经营，明朝一边打仗一边搞建设，不但统一江山，横扫北元，更缔造了一个足以笑傲青史的“财富成就”：洪武二十六年（1393年），明王朝的耕地总数达到八百五十万顷，比宋朝的最高数据多三百多万顷，更是元朝最高数据的四倍。国家当年的税粮收入更高达三千二百万石，是元朝最高数据的三倍。全国的人口根据后世的估算，接近了六千七百万人，突破了此前中国历史的人口最高纪录。国家的财政储备，按照《明史·食货志》的记录，各个州县的府库都粮满仓，甚至存到“红腐不可食”。政府富得流油，老百姓生活又如何呢？这时期有民歌就可佐证：山市晴，山鸟鸣，商旅行，农夫耕，老瓦盆中洌酒盈，呼嚣隳突不闻声。

这个开国时期经济贫困，民生凋敝，内忧外患，战火不息的明王朝，历经三十年治理，成为一个国富民强，经济繁荣，生机勃勃的国家。这就是朱元璋缔造的大奇迹：洪武盛世。

国家强力干预经济

“洪武盛世”这个奇迹，朱元璋是怎么办到的？

历代封建王朝，打下天下后治理天下，方法基本一脉相承，简单说就是四个字：休养生息。

朱元璋休养生息相关的一些政策，和前朝一脉相承。明初的官派徭役极少，农业税和商业税都基本降到三十税一。朱元璋更是以身作则，自己的饭菜吃得简单，衣服穿得朴素，连出行的车马装饰，都用铜而不用金。如有官员给他进献奢侈品，不但二话不说砸了，还把送礼的人整个半死。如上种种，好些都成了流传至今的美谈。

但仅靠这些美谈，是很难突破明初困局的。明初经济困顿之深，就像一个遭受重创的伤者，如果要想恢复健康，休息和护理固然重要，强心针有时候更是必须的。

朱元璋以其精准的眼光和坚忍的胆略，为大明王朝的肌体打入了三支重要的强心针。

第一支强心针，也正是风险最大的一支，历史上称为“洪武大移民”。

“洪武大移民”，即明初开始的移民垦荒运动，也就是为解决明初各地地荒劳力少的难题，利用中央集权的行政能力，将人口稠密地区的农民，整体搬迁移民至人少地区定居。

这办法并非朱元璋首创，但要和朱元璋的“洪武大移民”比，之前的历次移民运动，都可谓“小巫见大巫”。

朱元璋的“洪武大移民”，对象比较固定，主要是人口稠密的江西、江南、山西三地。但移民的目的地范围却极其广大：往东到辽东地区，往北一直到内蒙古地区，往西一直到甘肃地区，往南甚至一度到了云南南部地区，覆盖范围之广，可称历史之最。

至于移民的次数和规模，放在古代交通条件下，可以说庞大到恐怖。从明朝开国前，迁移苏州百姓到凤阳开荒算起，朱元璋在位时期，仅《明实录》和《明史》中记录的大规模移民的次数，就有十三次之多。前后迁移的人口，有数字可考的，加起来就有一百六十万之巨。甚至学者陈梧桐在其著作《明史十讲》里估算，真正的数字很可能突破三百万人。这是中国古代史上一次史无前例的人口大迁徙。

移民的风险，一是中国人的传统观念，中国农民素来安土重迁，何况这么大规模的离乡背井，势必会有抵触。二是交通条件，古代的交通条件不方便，一路山高水长，一次迁移就意味着迎来一堆麻烦。中国古代史上，移民移出动乱甚至起义的，从来都不算少。

但强人毕竟是强人，朱元璋既然决心办，自然也有办法。首先是规划周详，洪武三年在河南设司农令，统筹移民事宜。然后是定福利标准，只要愿意搬家，不但免三年税粮，发优厚的路费和生活费，而且移到新地方后，能种多少地，就占多少地，种地的农具、种子、耕牛甚至头两年的粮食，全都由政府提供，条件极其优厚。

饶是这样优厚的条件，反对声还是四起，特别是当时的移民，大多家乡都在富庶的江南、山西地区，日子过得还可以，离乡背井往穷地方搬，换谁也难答应。但朱元璋也留有后手，不答应？强制搬迁！方法就是“四口之家留一，六口之家留二，八口之家留三”。确切说，就是一家人里，老幼妇孺留下，青壮劳力搬家。按照一些野史的说法，当时的搬迁过程，移民们都是捆着走，上厕所才解开绳子，所谓“解手”就是这么来的。而移民迁走前，村村哭声震天，家家悲伤别离，景象极为凄惨。

后世很多史家说到这里，好些就开始诟病朱元璋，说这场史无前例的移民运动，给百姓带来惨重的苦难。但必须看到的是，持续三十年，前后十余次的移民运动，固然制造了无数家庭的分离。但如果细比一下，相较于中国历代几次重大的“政府性工程”，如秦长城、隋大运河之类，明朝这场规模更加空前的迁移运动，却未曾酿成类似前代的变乱，仅此一条，就足够值得后人正视。

一个后世正史都承认的事实是，在从头至尾的整个移民过程里，政府对于移民的待遇允诺，几乎每一条都完全兑现，税减了，路费发了，安家费有了，离乡背井的移民们，在全新的家园，获得了更多的土地，从此开始了新的拓荒。强人朱元璋治下的大明朝廷，以其高速的效率和强力的执行力，完成了这个空前的人口迁移。诸多原本荒芜的地区，获得了大量劳动力，经济开始高速回升。对于明朝经济的复苏乃至中国的人口版图布局，甚至缩小地方经济差距、促进民族融合，这事都影响深远。

但就明初的经济困局来说，这一支强心针，显然远远不够。

于是朱元璋又紧接着打了第二支强心针，这支针按照现代的说法，叫公共设施建设。

比起“洪武大移民”百万人的迁移规模来，朱元璋的公共设施建设力度，也是同样强大。

但从操作难度说，这事同样不是闹着玩的，技术含量高、执行细节繁琐、风险性更大，最近的反面教材，就是元朝灭亡，所谓“石人一支眼，挑动黄河天下反”，一个闪失就出了大事。

这件事的难度主要有三：一是财政实力；二是可行性，必须得抓最紧要的地方修；三是执行力，好政策得落实到位，所有细节都要抓。

而朱元璋的做法，套用老百姓的一句俗话，就是有多大的荷叶，包多大的粽子。

朱元璋的水利工程，从打天下的时候就开始修，早在至正十八年（1358年），就设置了专门负责水利的营田使。负责人就是其麾下的名将康茂才，从那以后打下一块地盘，就修一处水利，确保了辖区内的农业生产和军用供给。

等到明朝开国后，水利工程更成了朱元璋治国的头等要事，登基第一年就下诏：民间凡是有关于水利事务的奏疏，必须立刻奏报。但执行起来，却是循序渐进，开国的头几年，水利工程主要集中在生产相对富庶的江南和淮西地区，比如先于洪武元年（1368年），修和州水堰200多里（1里约等于500米，下同），五年后，又大修嘉兴、松江地区水利工程，动用民夫万人，不但疏通水路，更开上海胡家港1 200多丈（1丈约等于3.33米，下同），打通海运要道。

随着明王朝在全国的统治日益稳固，明朝的水利工程项目更扩展到全国。包括广西、陕西、甘肃、浙江、福建、广东，都有大规模的水利工程建设。这却并不是盲目修，而是和此时明王朝诸如移民、屯田之类的大动作息息相关，哪里开荒种地，配套的水利工程立刻跟上，种到哪修到哪，生产和灌溉无缝对接。

而纵观整个朱元璋时期的水利工程，主要有三个特点：一是工程质量高，修好的水利工程，确保使用几十年。二是工程量大，行动密集，终整个朱元璋执政时期，大规模的水利工程一直没停，几乎上马一个项目，就耗用几万人的人力。三是次序循序渐进，以江南经济区为中心，向周边扩展，几乎散播到两京十三省，进度非常科学。

而朱元璋的苦心也没有白费，他在位时期，明朝的水利工程成果达到了一个极其惊人的数字：洪武二十八年（1395年），明王朝修筑塘堰40 987处，河流4 082处，堤坝5 048处，成就极其显著。

特别值得一提的，就是贯穿南北的京杭大运河，朱元璋对于这条主干道，态度极其慎重。洪武时代明朝的北方物资供应，还是以屯垦为主，海运补给为辅，这条南北大动脉的完全恢复，还是明成祖朱棣时期的事情了。

除了兴修水利外，朱元璋终其一生，还大力整治大明朝的公共交通，修治了连接各省的驿道，并设立了完备的驿道管理制度和考核制度。这个翻修得焕然一新的江山也因此重新连成一片。

而打下这一支强心针的明王朝，效果更是立竿见影。交通的恢复与延伸，不但提升了政府行政的速率，更连通了工商业往来。水利工程的全面铺展，也为明初开始的垦荒热潮推波助澜。经济的复苏增长，从此开始加速。

决定性的第三针

上面两支强心针之所以打得如此顺利，却与朱元璋打的第三针有关，这一针与其叫强心针，不妨说是活力针。

在很多史家眼里，“活力”二字，似乎与朱元璋不沾边。朱元璋一生都致力于强大的中央集权，政治上废宰相制，强化特务统治，民生上虽说大搞社会福利，推广“公费医疗”（惠民药局）、“国家救济”（养济院）、“免费公墓”（漏泽园），但法令条律森严，细化到穿衣吃饭、装修盖房，处处都是规矩，一不留神就犯法。着实很没“活力”。

但为大明王朝，乃至中国古代史，注入新活力的，却是他在位时期，两道看似不起眼的诏书。

第一道诏书，载于《皇明诏令》中的《正礼仪风俗诏》，其中有话：“佃见田主，不论齿序，并如少事长之礼。若在亲属，不拘主佃，则以亲属礼行之。”意思是佃户见了自家的地主，无论年龄大小，要行小弟见兄长的礼节，如果双方是亲属，那么不论地主与佃户的身份关系，要行亲属的礼节。

第二道诏书，发布于明朝洪武十一年（1378年）五月，朱元璋给工部下诏，命令“在京工匠上工者，日给柴、米、盐、菜”。又规定“休工者停给，听其营生勿拘”。这两段诏书的意思连起来是：在京城服役的工匠们，在干活的，每天都要补助柴火米粮和油盐蔬菜，没有在干工作的，虽然不发这些东西，但他们也可以干别的营生，不要因此拘捕他们。

两道诏书，第一道讲的是佃农见主人的礼仪，第二道讲的是工匠在京城干活的津贴。看似是不起眼的小事，然而放在封建社会看，却都是不简单的大事。因为这俩道诏书对应的，恰是之前元朝平民的两个底层制度：佃农制度与匠籍制度。

先说佃农制度，也就是佃户和地主的关系问题。《元典章》里明文规定，地主和佃户之间，要行严格的主仆之礼，甚至地主如果打死了佃户，也不过是打板子赔钱了事（杖一百七十，征烧埋银五十两）。所以元朝统治九十多年，没有土地的佃农，基本上过的是非人的生活。

但朱元璋这样一改，情况就不一样了。原本是尊卑有别的主仆关系，这下成为“少事长”的兄弟关系，虽说还是地主高，但地位一下子拉平了。再想拿佃农当动物使唤，法律首先就不答应。

而且朱元璋也不仅搞形式，接下来还有内容。首先是地主如果打死了佃农，照样杀人偿命，打板子赔钱都没用。如果地主想要佃农替自己服劳役，得给佃农劳务费，法定价格是“须出米一石，资其费用”。拿着佃农当奴才，想怎么拿捏就怎么拿捏的“好日子”，至此到头了。

第二道诏书的影响，同样极其深远，给工匠们发津贴，看似是小事，触动的却是之前元朝手工业的重要制度：匠籍制度。

所谓匠籍制度，就是将全国的工匠们编订成专门户籍，入籍的工匠，便是匠户，一个工匠不入籍，就等于没活路，如果入了籍，不但一辈子干这营生，而且子子孙孙，世代都要干。

元朝实行匠籍制度，主要为了用工方便，要干个什么活，直接按匠籍抓人，干活的工匠，不但路费要自理，来京城干活的生活费要自备，而且干活也没酬劳，只有一些粗劣的食物，且绝不允许期间做别的营生糊口，抓到就是重罪，命运极其凄惨。

洪武十一年的这份诏书，一切开始改变。给工匠们发津贴，数额虽不多，但日子总算好过。更重要的改变，却在八年后发生了：洪武十九年（1386年），明王朝正式规定，各地匠户每三年上京服役一次，每次不超过三个月。这样一来，工匠们终于不需要常年从事低廉的劳役，有更多的时间从事自家的营生。又过了七年，即洪武二十六年（1393年），法令再次修订，工匠们按照工种的不同和路程的远近，重新编订服役时间，这些轮流服役的工匠，便被称为“轮班匠”。而在皇宫内府服役的工匠，更可按照工种每月领工钱。这一系列看似微不足道的演进，却堪称匠籍制度的重大突破。

说重大，因为这样的突破，不止在工匠们拿钱多了、自由度大了、服役期短了，最重要的是身份的演变。朱元璋之后，在明朝永乐年间，工匠们终于有了更大的自由，服役也有工钱拿，而且服役以外的时间，更可以自主从事营生。按照《明会典》里的话说，就是“自由趁做”，他们有了自由。

佃农提高了地位，工匠有了自由，这便是朱元璋执政中，一个了不起的成就。这些原本被紧紧捆绑在元朝等级制度上的“草根”们，从此可以在新的王朝自由地舒展。佃农们可以挺起腰杆干活，工匠们更不止会被强迫劳动，反而有了更多创造的机会。

仅从两个事实，便可窥见这个成就的意义：第一，朱元璋在位三十年，农民开垦新荒地的数量，每年几乎都是滚雪球式增长。明朝建国的头十二年，即洪武元年（1368年）至洪武十三年（1380年），明朝的新垦荒地就达到一百八十三万三千一百七十一顷，而洪武二十六年的耕地数目，更是洪武元年的四倍还多。中国古代史上再难找到第二个这样的农业腾飞奇迹。第二，明朝的手工业在经历了洪武时代的累积后，特别是诸如陶瓷、丝绸等行业，一反元朝时代的粗糙形象，重新焕发起灿烂的美丽。比如陶瓷业，洪武元年一片废墟的景德镇，到洪武晚期，已重新成为陶瓷重镇，制作工艺方面，永乐时期的锥拱、脱胎，宣德时期的镂空，这些明朝独创的新技术，今天依然闪烁着夺目的美丽。而这一切，毋庸置疑，正来自洪武时代不起眼的改变，激发起的强大活力。

明初的皇帝们很忙

明朝的皇帝，特别是中后期的皇帝，一个通用的评价，就是懒。一辈子躲在宫里极少上朝的，就有好几位。就好比一个人在单位里成天不坐办公室一样。而业余爱好玩出花样的，更有好几位。有会骑马打仗的（明武宗），会炼丹修道的（明世宗），会鉴定珠宝的（明穆宗），会干木匠活的（明熹宗）。以至于很多后世史家说到这里，无不痛心疾首，说明朝皇帝投错了胎，换个行业肯定是标兵，就是不会当皇上。

换个行业是否当标兵，这个不好说。但是否会当皇上，还是以事实说话，明朝皇帝会玩不假，但玩一辈子却还能保证国事稳定的也多。更重要的是，这些皇帝哪怕玩到脚抽筋，依然牢牢捏住大权。就冲这点说，这些爱玩的家伙，其实个个会当皇上。

只是说到懒这条，如果明太祖朱元璋泉下有知，不知道会怎么想。儿孙这么懒，真不是他期望的那样。

但你可知道，明朝早期的几位皇帝，其实一直都很忙，因为朱元璋为明朝设计的，是一套中国古代空前独裁的君主专制体制。

首先是取消了中国有千年传统的宰相制度，六部直接对皇帝本人负责，按照朱元璋自己的话说，就是皇帝既要坐朝，又要理政，从此政令通畅，上通下达。与此同时，在汉唐时代呼风唤雨的宦官集团，到了明朝也被严加限制，明朝宦官机构庞杂，部门之间相互掣肘牵制，同时朱元璋在宫门立铁牌，严禁宦官干政。

而地方藩镇割据的隐患，也被朱元璋剪除，地方行政权力一分为三，各省处理民事有布政使，处理司法工作有按察司，处理军事战事有指挥使，这就是明朝特色的地方“三司”制度，三司不相统属，直接对皇帝本人负责。而最容易直接造成叛乱的兵权问题，也被朱元璋肢解。明朝的军队，实行的是卫所制度，也就是国家划拨土地给军队屯田，军队自己种地养活自己，不花国家钱粮，国家更能通过控制土地的方式，牢牢控制住士兵的饭碗。

同时在士兵的统属上，明朝的兵部，掌握着任命军官以及调动军队的权力，但是并不拥有对军队的直接管辖权。而明朝的军事机关五军都督府，拥有对军队的管辖权，但是却不具备人事权和调度权，这样双方相互牵制，谁也无法独立控制军队，只能老老实实对皇帝负责。

这一体制妙处多多，取消了宰相制度，前朝宰相专权欺负皇帝的事情不可能上演；设立三司制度，前朝藩镇割据乃至脱离中央的事情也不可能上演；禁止宦官干政，前朝宦官专权甚至操纵皇帝废立的事情同样不可能上演；肢解了军队的指挥权与管辖权，前朝权臣专兵，叛乱中央的事情更不可能上演。如此一来，所有可能的实权部门，权力都被朱元璋一拆再拆，整个官僚体制相互制约，谁也不能独大，所有的实权官员，都只能老老实实对皇帝负责，谁也不能越过皇帝自行其是，也就谁都不能威胁到老朱家的家天下。

但真正做上了皇帝才会发现，大权独揽的日子，其实是不好过的，就好比是现代社会里，一个人早晨起来刚睁开眼睛，甚至还在睡梦中，电话就开始想个不停，每天有成百上千个电话打进来，都要向你请示工作，且不说工作怎么处理，就是听汇报的频率，就能把人听到头大。

明朝的前几代皇帝，特别是开国皇帝朱元璋，以及永乐皇帝朱棣，都是这样的工作狂。照《明实录》里朱元璋自己的话说，他每天天不亮就要起床，直到日头偏西的时候才回宫，而且就是睡觉的时候，他也经常失眠，经常思考国事的时候，猛地就醒了，醒了就披衣起床，把白天需要处理的国事写下来，上班后一件一件地落实。甚至吃饭的时候，猛然想起什么事情，也随手找个纸条写下来，然后贴在自己的衣服上，相当多的时候，当朱元璋召见大臣的时候，大臣会惊讶地发现，他的衣服上贴满了各种各样的纸条，全是国家大事。

《明实录》里曾经做了这样的统计：朱元璋曾经在连续八天里，处理各种奏折一千六百件。每一本奏折他都认真批阅，而且还总结主要内容，从一千六百件奏折里，一共提炼总结出三千二百件所言之事。明朝奏折的格式，一份奏折如果要单独成章，至少要有一千字。

也就是说，朱元璋八天里，总共看了至少一百六十万字，平均到每天少说二十万字。而且这不是蜻蜓点水般地快速浏览，而是一个字一个字地认真推敲，总结思考，并拿出解决问题的方案，其工作强度，好比今天一个高考生，每天要做总篇幅多达二十万字的阅读理解题，而且必须保证，每一道题都不能出错，所有的答卷必须百分之百正确。

考生做错了题，最严重的后果只不过扣几分，朱元璋如果批错了奏折，后果会更严重。按照朱元璋自己的话说，一念之差，耽误的就可能是万千黎明苍生，所以百官言事中的每一句话，他都要慎之又慎地查看。

永乐皇帝朱棣的工作方式，有明确的时间表——每天早晨四更起床，吃过早餐后，要先在上朝之前，抓紧要把当天准备处理的国事，预先在脑子里过一遍。然后开始早朝，按照《大明会典》的记录，明朝的早朝开始时间，相当于今天的凌晨五点钟，起个大早的朱棣，在早朝结束之后，就要着手处理国事，批阅各类奏章，他每天批阅奏章，往往都要到深夜，经常要到凌晨才睡。

这样算来，每天他的睡眠时间，也就只有不到六个小时。而且朱棣规定，一旦有紧急军国大事，哪怕自己在熟睡，也要立刻把他叫醒，否则就要论罪。这样的折腾，也让朱棣深感其苦。朱棣最后一次北征蒙古草原的时候，路上设宴款待群臣，席间颇为感慨地说：我自登上皇位以来，每天兢兢业业，不敢有一丝一毫的懈怠。而皇帝的辛苦，也是做了皇帝之后才深有体会啊。

即使是明朝第一工作狂朱元璋，对于这番辛苦，其实也是深有体会的。各类史料记录了朱元璋的一个趣事，就是一位叫茹太苏的大臣给他上奏折，奏折写了万字，到第五千字的时候才切入正题。气得朱元璋命人把茹太苏一顿暴打。事后朱元璋宽慰茹太苏，并向他诉苦说：你以为我愿意打你啊，你五百字就能说清楚的事情，非要写个上万字，我做皇帝容易吗？要整天看你这种奏折我哪受得了啊！

连朱元璋都有受不了的时候，其他的皇帝自不用说。到了朱棣执政时期，就设立了"文渊阁"，开始协助皇帝处理国事，文渊阁里的官员，就是五品大学士。之后，这个原本以皇帝秘书身份设立的新机构，地位日益扶摇直上，成了明朝实际意义上的"宰相"。而随着明朝这一内阁制度的确立，为了强化皇权，从明宣宗朱瞻基开始，又逐步加强宦官的权力，也就造就了后人津津乐道的明朝"宦官专权"现象。

从此，文官的内阁权力、宦官的权力，以及两者之上的皇权，就成了明朝最高权力的铁三角。而早期朱元璋苦心创立的专制体系，因此也有了新的效用。在内阁制度以及宦官司礼监制度日益成熟的情况下，原本分权的明朝行政体系，从此有了更好的整合。这个原先离了皇权就玩不转的体制，在司礼监加内阁的双轨制操控下，可以实现有条不紊的运转。

如此一来，明朝的皇帝就轻松下来了，要给国家大事拿出处理意见，不必再像朱元璋时代一样，天不亮就起床批奏折，只需要授意内阁草拟处理意见就好，要同意处理意见，只要司礼监盖章，即所谓的批红就好。做皇帝的，只需要听汇报点个头，国家就能正常运转下去。

史料上总津津乐道，明朝某某皇帝多少年不上朝云云，然而不容争议的事实是，即使是几十年不上朝的皇帝，依然可以有效地掌控群臣，并且实现朝局的正常运转，其制度上的根由正在于此。

明朝这套高度专制、皇权极其强化的体制，随着之后历代帝王的修正，在表面不更改“祖制”的幌子下，只在关键部位做出精到的调整，最终改变了其原本的意义：原本是想让皇帝变得很忙，结果却让皇帝变得很闲。

建文帝竟要明朝回归奴隶社会

明朝历代帝王，即便算上最后那几位常年风雨飘摇、被清军追得无处可跑的南明帝王。唯一一位执政生涯里被半路叛乱篡权成功的，也只有明惠帝朱允炆，也就是我们常说的建文帝。

对于这位悲剧皇帝，明朝当时很多臣子百姓，哪怕面对胜利者朱棣的高压，依然对他表达了深切缅怀。除了被朱棣事后残酷清算，遭到暴虐灭族的齐泰、方孝孺等重臣外，还有如礼部右侍郎黄观和翰林修撰黄英这样，在朱棣篡位登基的前夜傲然自尽，留绝命诗表达忠诚。特别是黄观，他的殉难，在民间传说里同样被传成神话。他与妻子投水而死的地方，被传说成“血影石”，据说每到阴雨天英魂就在石头上显灵。对这样“大逆不道”的传言，明朝政府也一直宽容，从未禁止。

一些籍籍无名的草根小卒，也用自己的方式表达了忠诚：朱棣军中的小兵储福，拒绝接受出征任务，在朱棣登基后绝食而死。金川卫看门小兵龚诩，朱棣打下南京后就大哭外逃，宁可回家也不为大明效力，明朝官员多次请他做官，都被他拒绝，他从永乐年间起一直种田到善终，当地官民对他十分尊重，敬称他“安节先生”。

如此深切缅怀，最重要原因，是建文帝代表了正统皇帝，法统自然得到尊重。但同样也有另一个原因：悲剧的建文帝，登基后的许多表现，也给了臣民们期待。他出名的仁慈感动了许多臣子，而他不顾朱元璋的“祖制”，强力推行的“建文新政”，好些内容更是开一代新风，也被胜利者朱棣继承了下来。

下落不明且获得深切缅怀的建文帝朱允炆，在民间文艺中，也总被善良的作者，安排好美满的结局。武侠片《永乐英雄儿女》里，朱允炆不但平安活到满头白发，还修炼成江湖老大，更和晚年朱棣化解恩怨，亲切会面。在那场热情攀谈中，借朱棣之口，编剧向朱允炆提出了一个观众朋友十分关心的问题：倘若没有靖难之役，你平安当皇帝，能不能当得比我（朱棣）好！

是啊，假如朱棣没造反，朱允炆能否当个好皇帝？

朱允炆的能力

一个皇帝的成功，各种因素有很多，但关键一条，就是个人能力。

皇帝的能力是什么？朱元璋认为是四个字：仁明果决。确切地说，就是仁慈、明白、果敢、决断。

朱元璋就是这四条能力的集大成者，而且以这四个字为标准，努力培养接班人。最早培养的是太子朱标。培养过程更煞费苦心：组建了最强的教师团队，包括徐达、李善长、刘伯温、宋濂，几乎囊括当时大明朝军事、政治、文化的所有精英。朱元璋还整合充足教育资源，专门建了“大本堂”（皇家图书馆）。教育太子朱标的过程更严格：除了要太子认真读书外，还要召集臣子开研讨会；太子要广泛实习，不是下基层考察，就是列席参加国事会议，后来还要帮朱元璋批奏折，并且还要拿出独立意见来。

朱元璋本人的考核更严格，经常和儿子讨论治国得失。有时候为考验儿子，甚至故意抬杠。一件案子怎么判、一桩国事怎么处理，故意和儿子别扭，鼓励儿子和自己争。他们好几次闹得父子红脸，相关官员夹在中间，左右为难到抓狂。

但这样的苦心没白费。朱标一直照着朱元璋期待的样子成长：性格宽厚，为人仁慈，做事有担当，认定正确便不动摇，遇到不同意见，哪怕朱元璋发飙也敢争，是个外柔内刚的典型。

可惜人算不如天算，茁壮成长的朱标却突然英年早逝。而后经过一番权衡，其子朱允炆成了皇太孙。虽然这娃年纪小、长得难看。但朱元璋有信心，照着他爹的培养流程再来一遍，管保出品明君。

但这一培养，就差大了：先是教学团队不同。比起徐达、李善长、刘伯温、宋濂四位大神级人物，朱允炆摊上的老师，包括齐泰、黄子澄、方孝孺，号称“读书人种子”，品质堪称模范，但不论是徐达啸傲沙场的能耐，还是李善长事无巨细处理妥帖的本事，或是刘伯温运筹帷幄的智慧，或是宋濂学富五车的博学，这几位都差得远，更遑论教人。

朱元璋本人的考察也有问题，虽然跟对儿子一样，也教育孙子学习处理国事。但身为爷爷“隔辈亲”，对孙儿一向慈祥无比，就是狠不起来。而且啥事都是手把手教，基本没让他放手做过，等于一直带着朱允炆走路。

如果拿种树比教育，朱标这棵“树”可谓营养（教师资源）充足，过程（培养方式）得当，堪称科学栽培的典范。至于朱允炆，看似过程一样，但营养水平就差个档次，更一直窝在温室里，直到朱元璋驾崩，还是棵没经过风雨的小苗。

最关键一条，却是朱允炆本人的性格差距。

朱允炆和父亲朱标比，好些地方很相同，比如对老师很敬重、对长辈很孝顺、对臣子很宽厚，都是大臣最盼望的仁君类型。但骨子里的东西就差远了，朱标外表仁慈，内心却坚定刚强，换成朱允炆，这条恰恰相反，内心总比外表还软。先天差距摆在这，后天教育又不给力。于是“仁明果决”四字要求，朱允炆最多也就第一条沾边，其他三条完全不靠边。

等到继位称帝，对决朱棣，这能力的差距，便暴露无遗。不客气地说，朱允炆输给朱棣，除了朱棣能耐强外，也实在是因为朱允炆太弱。

十分弱的一条，就是朱允炆的犹豫。朱允炆登基后朱棣进京，是可以扣押朱棣的机会，朱允炆犹豫着没做，后来朱棣又派俩儿子进京，可以软禁两位世子挟制朱棣，朱允炆还是犹豫着没做。多少次可以提前扼杀靖难之役的机会，就在朱允炆的犹豫中错过了。

比犹豫更弱的，却是朱允炆的用人。说到这条，好些后人都埋怨朱元璋，说老朱杀功臣杀了大半辈子，人才全杀光了，闹得朱棣造反的时候，亲孙子朱允炆无人可用。

但这埋怨，真是冤枉了朱元璋。被朱元璋杀掉的功臣，大多数不是骄横不法，就是贪赃枉法。真正老老实实尽忠保国的，比如李文忠、徐达、汤和都是善终。而且好多人忽略的是，朱元璋留给朱允炆的，是一个文武人才济济的强大团队。

这团队有多强大？就说留下的开国功臣，郭英和耿炳文都是明朝开国战争中的大神级人物，一个能攻一个能守。水平比朱棣强不强不好说，但配上朝廷强大的军事资源，打起仗来只强不弱。徐达的儿子徐辉祖，同样是继承其父能耐的军事人才。文官里更有强人，卓敬就是眼光卓越的战略家，当初朱允炆要削藩，他提出不要硬削，可以用养老的名义，把朱棣从边境藩镇迁到内地，既不伤和气又解除他武装。朱允炆觉得太麻烦，果断表示不干。他不干，但朱棣干，后来朱棣造反成功，也要削藩，就照着卓敬的法子来，北部边境手握重兵的各路藩王，均被不动声色地轻松全削平。

这么多的牛人，朱允炆不是不用，就是用不好。朱棣刚开始造反，朱允炆先派了耿炳文出战，刚把朱棣打得叫苦连天，朱允炆却嫌打得慢，果断换上传说中的名将李景隆，然后战局果断逆转，几十万人被朱棣的十几万人打得溃不成军。最后朱棣兵临南京，也是这李景隆吃里扒外打开城门，提前把朱允炆出卖了。

而朱允炆身边最依赖的几位文臣，比如齐泰、黄子澄、方孝孺，出名的有学问却也出名的蠢，当初削藩的时候，这几位放着实力强大的朱棣不削，专挑没实力的乱削，既惹了众怒，还给了朱棣充足的战争准备时间。后来战争开打，更是败笔连连，齐泰身为主管军事的官员，朱允炆问他战略规划，他回答说：我们是天子之师堂堂正正，不用规划也能赢。黄子澄推荐了草包李景隆，本来还是相持的战局立刻一败涂地。这样几位只适合文化工作，军国大事眼高手低的角色，朱允炆却从头信任到尾。若不是三人最后壮烈殉难，真和朱棣派来潜伏的差不多。

而比起用人水平来，朱允炆最可怕的素质，却是不分时机地瞎指挥。

削藩的时候，主次不明。要对朱棣动手，没做好准备就下狠手，反而被朱棣反戈一击。后来开打后，没打几下就临阵换帅，任由草包李景隆败事。后来朱棣决死一扑，率军长驱直入长江，好在明军反应迅速，在徐辉祖等人的指挥下，顺利将朱棣合围。可偏偏朱允炆又瞎指挥，下令前线军队撤回保卫南京，最后一次可以全歼朱棣的机会，就这样被无情地错过了。而后朱棣死里逃生，攻克南京，大局再难挽回。

就能力说，朱允炆唯一值得表扬的，就是仁慈。开打前反复叮嘱，前线将士千万不能伤害叔叔朱棣。几次朱棣吃了大亏的仗，如果没这叮嘱保护，十条命都搭上了。是朱允炆的仁慈与愚蠢，最后成就了永乐大帝的霸业。

传说中很美好的建文新政

能力有问题的建文帝朱允炆，如果说人生还有什么亮色的话。那就是在与叔叔掐架的三年里，他一直不遗余力，在做一项勇敢的改革：建文新政。

所谓建文新政，就是对朱元璋执政三十年时期，一些过激弊政的强力纠正。虽然这项改革运动给了朱棣“破坏祖制”的口实，但在当时很多人眼里还是深得人心。具体说来，确实有几件好事。

首先是朱允炆本人以身作则，改变朱元璋苛刻臣下的作风，对大臣十分宽厚，鼓励臣子直言进谏，每次召对都如沐春风般温馨。满朝文武从此心情放松，工作起来轻松愉快。

然后就是一些政策调整，最让群臣欢迎的，就是平反朱元璋在位时期的各类冤假错案，赦免大批正在服刑的官员。朱允炆在位三年干的决心最大、成果也最大的，也正是这条。在他的皇恩浩荡下，建文年间监狱里的犯人，竟比洪武年间减少了三分之二。

这条说是好事也不为过，但朱允炆干的决心太大，手段却太温柔，蒙冤的大臣们重见天日了，好些罪有应得的贪污犯也逃出生天了。比如有个叫刘观的，洪武年间因贪腐下狱，朱允炆上台后就给其平反。从此顺利洗白，继续官运亨通，终于进化成明朝宣德年间名满天下的巨贪。

与之对应的，是抬高文官们的地位，六部的尚书都成了正一品，坚持与士大夫共治天下。这条本身是符合历史发展潮流的，但关键看谁来做，以朱允炆的用人眼光，重用的文官都是齐泰、黄子澄、方孝孺这些人，人称“秀才朝廷”。这群秀才学问高能，治国却是低能，外加又是他们把持大权，秀才选秀才，上上下下都是秀才，真正能治国安邦的人才，比如前面提到的卓敬等人，基本都被边缘化了。靖难之役三年里，朱允炆败笔迭出，秀才朝廷为此做出了极大“贡献”。而朱允炆朝中好些不入流的干部，却都被朱棣重用，最典型的，便是后来支撑起永乐盛世财政大局的杰出经济学家夏元吉。

除此之外还有减税，大规模削减江南赋税。这条老百姓最得利，可也要看时机。前方打得如火如荼，“大炮一响黄金万两”，朱允炆在后方搞减税，减到最后只能派人四处跑出去筹集粮草。面对朱棣的最大优势——战争资源，却被朱允炆自废武功。

除了上面这些看上去很美好的事之外，建文新政，还有一件让后人看起来很惊悚的事：恢复奴隶制王朝周朝的政治经济制度。

这事按照当时官方说法讲，叫恢复“周礼”。首先是在方孝孺的建议下，参考《周礼》的规定，重新定官名，把好些官职的名称，都改成周朝的叫法。以至于后人研究这段史料，看到当时明朝臣子的官职称呼，都难免一头雾水，还以为穿越到周朝了。

而比起一头雾水来，下面的事更叫人一头冷汗：朱允炆竟还准备恢复周朝的井田制。这事他不但多次召集臣子讨论，还引起了倡导者方孝孺与其他大臣的吵架。而且据一些笔记说法，朱允炆甚至打算在打败朱棣后，就全国推广这个美好的土地制度。

如果参考历史的话，自从周朝灭亡后，历代封建王朝里，上一个积极恢复井田制，力图把中国带回到奴隶制王朝的“伟大人物”，便是新朝的王莽。而王莽的下场，是国破身灭。

放在十五世纪的大明朝，资本主义萌芽都开始生长了，却要往井田制开倒车，后果可想而知。就这个意义说，朱棣逆袭成功，真心是件好事。

明宣宗缔造盛世

明朝历代帝王里，在位时间第二短的，当属朱棣的儿子，登基仅八个月就英年早逝的明仁宗朱高炽。

这位皇帝比较出名的，就是他的仁慈：赦免了大批永乐时代获罪的“建文遗臣”，包括方孝孺等殉难臣子们的幸存家属，都重新落实政策安排抚恤；多次拨出专款专粮，给平民百姓发补贴。朱高炽执掌天下八个月，好事做了一箩筐，确实当得起一个“仁”字。

《明史》给朱高炽的称赞尤其高，甚至大胆假设说，如果他能够多活几年，必然开创一个超越历代的伟大盛世。那些史官们之所以敢这么写，当然不是信口开河。而是因为，一个大明王朝的黄金时代，确是由他亲手开启：仁宣之治。

说“仁宣之治”超越历史，最重要的一条是这是明朝政治经济制度的改革期，明王朝完成了治国模式的一次完美升级。之后两个多世纪里，明王朝的政治经济运转，更都在“仁宣之治”确立的轨道上前行。

开启这个变革时代的，是英年早逝的明仁宗，而真正完成这个业绩的，却是他的长子：继承帝业的明宣宗朱瞻基。

天子崭露头角

明宣宗朱瞻基的出生很有意思，他生于洪武三十年（1398年），当夜还是燕王的祖父朱棣忽做一梦，梦见明太祖朱元璋赐予他大圭。朱棣正在梦中乐呵着，小朱瞻基呱呱坠地了，乐醒的朱棣连忙去瞧孙子，越看越喜欢，当场称赞说："这孩子就是大明朝的福分啊！"

从此以后，对这个孙儿，朱棣一直疼爱有加。永乐九年（1411年）十一月，十三岁的朱瞻基被册立为皇太孙，成为大明王朝再一代合法继承人。太子尚健在就指定太孙，明朝历史上，这是唯一一次。

从此以后，对朱瞻基的成长，朱棣便操碎了心，除了学业要求外，好些教育项目，朱棣还亲力亲为，手把手带孙子锻炼。早先还是带着孙儿时常外出游猎，后来干脆将孙儿带上战场，一起陪着打仗。而朱瞻基也没让祖父失望，学业进步极快，而且武功练得好，文化水平同样高，诗词写得好，还精通书法绘画，典型全面发展的好学生。

但真正令祖父朱棣感到欣慰的，却是朱瞻基十六岁那年的一件事。正是这件事令朱棣认定，这个他一直给予厚望的孙儿，果然没有变成啃书本的呆子，相反已初具独当一面的才能。

这件事发生在永乐十二年（1414年），著名的忽兰失温战役期间。

当时朱棣御驾亲征瓦剌，也命已是皇太孙的朱瞻基随行，继而忽兰失温血战，明军一举击溃敌军，孰料一个不留神，督战的朱瞻基遭瓦剌反扑，居然深陷重围，险些给抓了俘虏。

而年轻的朱瞻基，第一次体现出过人的能力，临阵毫不慌乱，反而镇定指挥，从容周旋，终于等来了援兵，有惊无险地脱困。

在朱棣眼里，孙儿朱瞻基的这番表现，与这场胜利有着同样意义：这个十六岁的孩子，在祖父面前完美表现了过人胆气与卓越能力。多年的苦心培育，已然开花结果。

而在常年的宫廷斗争中，朱瞻基的另一样本事，也同样悄然升级：权谋心机。要说他这本事的形成，却是实战锻炼：拜永乐年间的争太子风波所赐。

自从父亲朱高炽被立为太子后，朱瞻基的几位叔父就没一天消停过，尤其是二叔朱高煦，最张狂的时候，甚至还当众羞辱朱高炽，行为极其恶劣。

对于这些凶险的考验，朱高炽是老实人，一度给吓出毛病。一次朱棣听信朱高煦谗言，张榜申斥朱高炽，吓得朱高炽立刻卧病不起。就是在这样的凶险环境下，年轻的朱瞻基常挺身而出，用行动保护父亲。

最著名的一个事件，发生在一次祭陵时，当时朱瞻基陪父亲一道，与叔叔朱高煦去祭陵。朱高炽天生残疾，走路一瘸一拐，朱高煦看了就在旁边嘲笑说：“前人蹉跌，后人知警。”这话说得特缺德，既笑话朱高炽，又暗含警告：大哥你留神点，摔倒了可有弟弟我呢。

但没想到，朱瞻基不紧不慢回了一句："更有后人知警也。"这话说得更有水平：叔叔你不用管闲事了，我爹倒了还有我，照样没你什么事。朱高煦闻言当场大惊！

这个侄儿，比大哥更难惹！

永乐二十二年（1424年）七月，明成祖朱棣病故于北征归途上，明仁宗朱高炽顺利即位，谁知不到八个月，明仁宗英年早逝，局面骤然再变。受封乐安且手握重兵的朱高煦，终于露出了獠牙：老爹的反不敢造，大哥的反没来得及造，侄儿的反，说什么也要造！

自从洪熙元年（1425年）七月，朱瞻基登基后，朱高煦就一直找茬，先狮子大开口，不断向朝廷要封赏，同时招兵买马，准备作乱。然而朱瞻基的反应却出人意料地软弱，基本是叔叔要什么，他就给什么，甚至还亲笔写信，大力表扬这位气焰熏天的叔叔。

眼看朱瞻基越发软弱，朱高煦反而更来劲，到了宣德元年（1426年），朱高煦更闹出大动静：派部下枚青入京，游说名将英国公张辅，企图起兵作乱，谁知张辅不傻，立刻将枚青绑了检举揭发。这下双方摊牌，朱高煦大张旗鼓，发檄文传天下，借口朱瞻基身边的文臣夏元吉等人是"奸臣"，声称要"清君侧"，公然发动叛乱。全照着他爹朱棣"靖难"的样子学。

原来朱瞻基之前的软弱，是给叔叔设个圈套，目的就是放线钓鱼。是年八月，朱瞻基御驾亲征，亲率大军讨伐朱高煦，结果大军包围朱高煦老窝乐安，还没开几炮，朱高煦就全军哗变，吓得朱高煦穿一身白衣服，慌不迭地跑出来请罪。一场看似阵仗大的叛乱，就这样被轻松平定了。

平叛成功后的朱瞻基，后续事务更处理得聪明，只重办了六百多人，其他几万将士大多被赦免。而一直和朱高煦有勾结的赵王朱高燧慌忙投诚。朱瞻基也宽大处理，除了削掉赵王兵权外，并未废除王号。如此一来，人心大定。自己作死的汉王朱高煦，先被朱瞻基囚禁，谁知他还继续作死，竟在朱瞻基探视的时候耍横，气得朱瞻基忍无可忍，终于把他处死。

而对朱瞻基来说，这场轻松平定的叛乱，更好似一个特殊的舞台：二十八岁的年轻皇帝，完美地表演了一番自己的心机手段，整治了旧敌，更展现了威风。料理完这个麻烦，就该放手治国了。

反贪大风暴

比起太爷爷朱元璋来，朱瞻基运气好太多，接盘过来的，是一个国力强盛，四夷宾服的好家业。

但也不是没有问题，比如南方的交趾战争，从永乐年间起，总是平定完了再打，来来回回折腾多次。朱瞻基上台后二话不说，果断从安南撤军，允许安南建国，成为大明属国。这事办得对不对，到今天依然有争议。但事实却是，当时明朝迁都北京，战略重点也在南方，安南战事牵扯大批军队军费，实在拖不起了。朱瞻基的抉择从当时看，可以说是当断则断。

而且就当时的明朝来说，有一个更凶恶的敌人，其实比安南的战事甚至比北方的蒙古部落侵扰还要可怕：腐败。

明宣宗年间的腐败问题，严重程度不在于贪了多少钱，而是贪腐的重灾区，竟变成了朱元璋苦心设立的反贪部门：都察院。

明太祖朱元璋，深恨贪污腐败，为此设立了都察院制度。都察院的御史们，官职极小、权力极大，七品的芝麻官，在中央可以弹劾重臣，在地方更可督查官吏。反起腐败来，素来简洁高效。

但日久天长，这制度就出了问题：御史们可以查百官，可是没人来查御史，贪官们也渐渐摸清了门道，一开始还是贪官收买御史，后来竟发展成御史朝官员索贿，风气越发恶劣。

这其中最典型的，就是都察院左都御史刘观，身为都察院的一号人物，到朱瞻基在位时，已经贪到尽人皆知的地步。这人收贿赂还极讲学问，自己不出面，全由儿子刘福代理，他这儿子除了替老爹收钱外，还包揽词讼，是京城出名的“腐败经纪人”，爷俩一对活宝。

明朝的吏治状况，自然迅速恶化。当时京城的大小酒楼，生意都特别热闹，公款吃喝极其普及，宴会整夜不停，大小官员招妓做乐，甚至竞相攀比奢华，歪风邪气全国刮。就拿一度闹得焦头烂额的安南战事说，安南叛乱者“权署安南国事”黎利的深情回忆：倘若明朝派到交趾的官员，人人都能清廉，我又怎么会造反呢。

于是忍够了的朱瞻基，决定下狠手了，和早先治朱高煦一样，这次还是引蛇出洞。宣德三年六月，借故贬刘观去督察河道，风声一放出来，各路御史为了邀功，纷纷上奏弹劾，这下朱瞻基顺水推舟，立刻逮捕刘观父子，然后数罪并罚，判了充军辽东。这个明朝永乐末至宣德初年的最大巨贪，就此倒台。

接替刘观职务的，就是清官顾佐。事实证明朱瞻基很会看人，这位新任的顾大人，既是著名清官，更是著名狠官，行政恪尽职守，为人孤僻自傲，平日里除了工作往来外，从不和同僚交流，官场绰号“顾独坐”，堪称官场独行侠。独行侠出马，立刻横扫一片：不到一年，就撤了四十三个御史，又选拔增补了多名清廉干才，烂透了的都察院，就此生机焕发，再度撑起反腐重任。

都察院靠谱了，紧接着官场大震荡，大批铁面御史们积极活动，不出几年，明王朝吏治一片清明。这事的好效果，朱瞻基本人也得意，一次更给内阁大学士杨士奇夸耀说：“当年要是不重办刘观，官场风气哪能这么好？”

但即使这样，明宣宗还是不敢怠慢，又在制度上做了个修正：都察院选拔御史，以后要由都察院定名单，写明其具体事迹，然后交付吏部审核，一旦御史出问题，推荐人和审核人，都要一道办罪。这样一来，吏部和都察院之间，既要互相盯，出事又要连带陪绑，御史的准入标准，一下严格起来。

经济大改革

明宣宗重手整顿贪腐，目的不仅仅是整人，而是因为此时表面富庶的明朝，经济危机却也浮出水面。

这事说到底，还是明朝的货币制度闹的。明初的货币制度，是铜钱与纸币（大明宝钞）并行，但纸币贬值太快，经常性通货膨胀从朱元璋在位时期就发生，一直到宣德年间，通货膨胀越发厉害。还有欠税问题，主要集中在江南地区，一是由于江南地区税重，二是迁都北京后，运输成本增长，百姓负担加重，所以自从永乐末期开始，就经常性欠税。

当年朱元璋对付这个问题，方法是简单粗暴，但凡物价涨了，就认定是地方官有贪腐，立刻就砍一群人。闹得好些官员，一听说东西涨价了，竟吓得要上吊。

可杀来办去，就是杀不下物价。朱瞻基不杀人，他解决这个问题的办法，是倚重了一位经济学牛人：明初杰出经济学家夏元吉。

作为永乐年间的财政大管家，夏元吉的本事自然不凡，若不是他在后方精打细算，也撑不起永乐大帝七下西洋五征漠北的风光大业。而这次面对越发严重的物价问题，夏元吉也再出狠手：一是把食盐价格和宝钞挂钩，用盐作为纸币的准备金。二是多回收宝钞，少发宝钞。三是配合反腐败，官员每受贿一两银子，则罚一万贯宝钞。这第三招有学问，明朝当时禁用金银货币，这样一罚，等于是把宝钞价格和金银挂钩。三招齐下，物价果然稳定。

而比起通货膨胀问题来，欠税问题却更难办。这事从根本上说，还是由于朱元璋当年愤恨江南人民支持张士诚，设立了重税制度。但这条“祖制”却轻易碰不得，碰了是死罪，不碰则解决不了问题，进退两难。

这个难办的问题，并非夏元吉亲自解决，稳定物价的事，已耗尽了他人生最后的能量，他于宣德五年（1430年）过世，然而在此之前，他却已经物色到了一位解决这个问题的人选：周忱。

在这之前，周忱可谓默默无闻，他永乐二年（1404年）就中了进士，但这以后，仕途就一片黯淡，虽然也做到了刑部员外郎的职务，却一直毫无建树。

没建树的直接原因，是有人压他，而这人便是夏元吉。这倒并非两人有过节，相反夏元吉深知周忱的才干，但每当周忱有升迁机会，全被夏元吉破坏掉了，理由也是一致：这个职务太平常，根本无法发挥周忱的才干。如此一来，光阴蹉跎，直到宣德年间，周忱的官职还是原地踏步。

作为老成谋国的能臣，之前的这一切，其实也是夏元吉对周忱的考验。当看到周忱一如既往，毫无抱怨后，夏元吉终于确认：他，就是解决欠税这个大难题的不二人选。

宣德五年（1430年），经夏元吉以及大学士杨荣的举荐，周忱获任江南巡抚，开始直面这一挑战。周忱一开始就出师不利，到任后想尽办法，但毫无成效，当地豪强大户还趁机作梗，外加天公不作美，江南闹水灾，经过一番折腾，周忱反而落下了个绰号：“周白地”。

但周忱心态好，听了绰号也不急，反而自嘲说：今天叫我周白地，来年我叫谷满地。可见周忱信心十足。接下来果然如此，经过失败的周忱，终于找到了解决问题的最佳办法：虽然祖制不能动，但具体细节可以灵活掌握。老百姓的赋税，先前分为两块，一是应交田赋，二是运输费，也就是“损耗”，田赋既然不能减，那就在损耗上做文章，有钱的多交，没钱的少交，这样负担大大减轻，税收效率也得以提高。这个著名的法令，就是“平米法”。

这样一调整，效果果然大好，不出几年，江南地区的欠税全面交清。而后周忱再接再厉，又在正统年间，首创了“金花银”制度，也就是把应交的粮食，部分折合成银两征收，这个重要的改变，后来更变身成一个重大的改革：“一条鞭法”。

这几项改革一推广，江南的局面立刻不一样了，老百姓负担减轻，国家税收增长，周忱更从税粮中拿出多余部分，设立了“济农仓”。在周忱任上，“济农仓”遍布江南大地，不但用于赈济救灾，甚至商业贸易、创业信贷，都可从中告贷。在当时的明朝，这些“济农仓”更有一重大作用：几次明王朝遭遇重大变故，以至钱粮短缺时，基本都是从江南“济农仓”调钱粮补充，特别是后来的土木堡惨败后，正是江南的钱粮输送，帮助明朝打赢那场卫国战争。周忱，也真正兑现了他到任的承诺：江南大地，已是一派家家户户粮满仓的繁荣景象。

周忱能办成这事，还是和本事有关，他不但眼光准，管理水平更是高，最有名的一个绝招，就是会筹算。特别是每次运送钱粮时，哪天刮风下雨，他都记得一清二楚。一次有官员谎称江面遇风暴翻船，企图私吞税粮，周忱立刻驳斥，说那天那地方是晴天，哪来的大风？周忱的办事更是高效，《明史》说他“素乐易”，也就是擅长用最简洁方法，解决最复杂问题。这位能臣在宣德五年（1430年）担任江南巡抚，任职长达二十年，是整个明朝历史上，在一地任职时间最久的巡抚。

也同样是在宣德年间起，“巡抚”这一早期的临时性官职，也日益常态化，成为诸多省份的固定职务。地方行政的事权因而统一，办事也日益高效起来。

内阁的进化

仁宣之治的另一个重大改革，就是大明朝的内阁制度。自朱元璋废除丞相制后，朱棣设立了文渊阁，里面那些跑腿的“大学士”，虽然品级只有五品，干的也是秘书活，其实却开始担起丞相的职责。大明朝的内阁制度，从此开始建立。

到了明宣宗在位时期，内阁制度最重要的两个演变，则在他手里完成。一是“置僚属”，朱瞻基在内阁增设了两个机构：诰敕房与制敕房，而且皆设“中书舍人”。这就意味着，原先只是秘书身份的大学士们，这下也有了自己的秘书班子，而且这些秘书班子的人选，都由大学士们选定，连执掌人事权的吏部也无权干涉。内阁的实力大大增强。而更重要的一个变革，则是内阁有了“票拟权”。也就是国家大事，再也不是皇帝亲力亲为，相关奏折送过来，主要由内阁成员拿出批复意见，并拟定草稿送皇帝审阅，即“票拟”。这样一来，实力强大的内阁，实权彻底压倒六部，成为整个政府运转的发动机。

当然在宣德年间，“票拟权”并非内阁专有，像夏元吉、蹇义这些六部尚书们，也时常参与票拟。内阁真正垄断票拟权，还是在明宣宗过世后，当时即位的明英宗朱祁镇年幼，外加蹇义等六部老臣早已作古，内阁才真正成为“票拟”的专有者。

而在明宣宗执政时期，明朝的内阁，也第一次形成了一个强大的政治团队，这就是赫赫有名的“三杨”内阁。“三杨”，即杨荣、杨溥、杨士奇三位重臣。宣德年间的内阁大学士里，早期的黄淮年老退休，一度入阁的张瑛与陈山表现太差，没多久就被调走，十年里始终操持国家运转的，就是这三位。

而就才能来说，“三杨”每一位单独拿出来论，未必是明代大臣里最强的，但组合在一起，却极其互补：杨士奇为人宽厚，善于调处关系，而且精通谋划，属于三人里的核心人物；杨溥学问精深，操守清廉，为人低调，办事认真，是三人中的行政干才；杨荣则多谋善断，精通军务。“三杨”论处理国家大事，着实各有一套本领。

这三位重臣，论脾气秉性，其实一度也不和谐，比如杨荣这人恃才傲物，还常收贿赂，甚至多次出言中伤杨士奇。但明宣宗有水平，多次想法调处三人关系，外加杨士奇此人很会来事，擅长调和矛盾，因此总体来说，国家大事方面，三人还算团结，好些难题面前，更是通力合作。换句话说，仁宣之治的十年，首先来自这三人的齐心协力。

就帝王心术而言，明宣宗的统治方式，也和前几代帝王大不相同：他本人就以“敬礼大臣”著称，而更大的进步是自“仁宣之治”开始，明王朝立下规矩，除了谋反等大罪外，其他一切罪过，禁止实行连坐法令，死刑等重刑的审核也更加严格，大明王朝的司法，真正开始文明化。

而在处理群臣关系上，明宣宗更匠心独运，他常用的办法就是写诗。明宣宗喜欢把各种国家大事的观点，整理成相关诗文，臣子们不但要学习领会，更要对诗唱和，如此诗文往来，明朝早期诗歌的一大流派：台阁体诗，也因此进入繁荣期。明朝立国后长期紧张到恐怖的君臣关系，更从此其乐融融。

而且作为一个帝王，明宣宗更有极其亲民的一面，早年祖父培育他时，就常带他访问农家，而在登基为帝后，这也成了他的习惯。明宣宗甚至还多次微服私访，探访农家艰辛。明宣宗也因此出台诸多惠民政策。老百姓的负担，也得以减轻，国家经济迅猛发展。

而在这诸多艰难的变革转型中，大明王朝的综合国力也蒸蒸日上。明朝的国民经济稳定增长，政府储备增加，仅福建一个丁州府的存粮，竟然足够当地官军支用百年，棉花等经济作物的种植，更从南方推广向北。更骄人的成就是手工业，比如纺织行业，明初的时候，就连江南这样的纺织中心，也只是城里才有纺织行业，而到了宣德年间，却扩展到乡镇，比如吴江县这些县城里，都有乡民从事纺织行业。陶瓷业也更发达，著名的“青花瓷”正是宣德年间出产，而且瓷器产业重镇除了传统的景德镇外，更向大江南北扩展。冶炼业的进步更惊人：宣德年间的冶铁最高产量达到了永乐年间的六倍。

也正是伴随着生产的进步，明朝的工商业更加繁荣：大江南北各色繁荣的工商业城市如雨后春笋般涌现，宣德年间仅新增的商业税收入，就比永乐年间多出五倍。这是一个经济高速发展、综合国力蓬勃上涨的帝国。

谁酿成了土木堡悲剧

明英宗正统十四年（1449年）八月十五日，御驾亲征瓦剌的明英宗朱祁镇，被瓦剌可汗也先围困于土木堡，是日深夜瓦剌军总攻，明军全线崩溃，号称最精锐的数十万明军三大营，顿时被打得灰飞烟灭，仅骡马损失就达二十多万匹，兵器火药损失更不计其数。战场的尸首堆积如山，贵为天子的明英宗，更是惨遭俘虏。明朝名臣李贤更在其《顺天目录》里悲愤地慨叹：“自古胡人得中国之利未有胜于此者。”

这是大明王朝建国以来，最为惨痛的奇耻大辱。这场载入史册的悲剧，便是“土木堡之役。”

历经开国之后，数代帝王励精图治，且不断打造盛世图景的大明王朝，为何会这样轻易一战摧锋，落得这般狼狈的失败？封建时代的史家门谈及此事，大多将其简单归结为明英宗宠信宦官王振，好大喜功，以至贸然亲征，自取其辱。而细究起来，事情却没这样简单。

宦官从此腰杆硬

说句公道话，御驾亲征的明英宗之所以沦落如此，不光是他个人的错误。他那几位英明神武的“仁君”父辈们，好几个都前后给他挖了坑。

而第一个该负责任的，恐怕得是明英宗的曾祖父：永乐皇帝朱棣。朱棣的一大功业，便是削藩，但这事执行下去，却有一条做过了头：当初朱棣削掉了手握重兵的宁王，将其迁至南昌养老，但是宁王先前的属地大宁，却被朱棣废弃，另一重镇东胜卫，也被东迁到内地。这样做的后果，就是明朝建立于元朝古都上的重镇开平卫，从此独木难支，也不得不于宣德五年（1430年）内迁。原本巩卫“九边”的一大屏障，至此不复存在。

而在明英宗的父亲，即宣德皇帝朱瞻基时期，这位帝王虽然少年时即跟随祖父出征，但骨子里并非锐意开边的人物，他曾经有诗赠予边将们：“慎守只需师李牧，贪功何用学陈汤。”也就是把家门口守好就行，不必大规模征讨。

这话道理没错，执行起来却生硬，这时的蒙古草原，正出现了一个巨变：瓦剌迅速崛起，除了击败鞑靼，独霸草原外，更扶植了本雅失里的侄孙脱脱不花为可汗，蒙古三部间的战略平衡，至此被彻底打破。正统四年（1439年），也先继承瓦剌可汗后，自称“太师淮王”，成为草原的实际统治者。这以后的也先，四处南征北讨，向西攻克哈密卫，向东控制辽东女真部落，已经摆出全面压制明朝的架势。

而对这日益临近的危险，明朝君臣上下，始终坚持“安边持重”的战略，更没把瓦剌放眼里，连哈密卫沦陷，都坐视不救。虽然长期以来，瓦剌一直采取与明朝通好的政策，一直没有发生战争，但以也先的野心，这场较量迟早要发生。

而除却上述外因外，一个酿造悲剧的内因，更被后世史家多归罪于明宣宗设置内书堂，即在宫廷里设立学堂，教宦官读书识字。

在明朝宦官权力演变史上，内书堂的设立，堪称是个分水岭。原本宫廷的宦官们不识字，而且对国家大事也极少有参与权。即使朱棣在位时期，宦官权力提升，获得的也不过是诸如出使、镇守等职权，核心的国策运转，宦官们无法染指。

在后世眼里，明宣宗的此举，是明朝“宦官专权”景象的关键一步。正是从此开始，原本只是打杂部门的司礼监，具备了国家核心决策的参与权，地位大大提升，更成为宦官机构中最位高权重的部门。

但是在明宣宗看来，此举却很有必要，因为司礼监这个特殊部门，其兴衰本身就与内阁相始终。早在朱元璋在位时代，正是在设立内阁的同年，增设了司礼监这个部门，彼此就是相互制衡的结果。

而随着内阁有了“票拟”大权，司礼监的职权也要水涨船高，如果说内阁已经成了国家运转的发动机，那么司礼监就成为必须的掌舵操纵装置，两相配合，帝王才能高枕无忧，国家才可运转稳定。

然而这时的明王朝，无论“内阁”还是“司礼监”，都还处于初步完备的阶段，相互之间的协调运转，更需有个磨合期。倘若是个成熟稳重的帝王执政，还能确保平稳过渡，偏偏明宣宗三十八岁那年过世，继位的朱祁镇，只是个九岁孩童。操纵这个刚刚进入磨合期的政治体制，必然要出麻烦。

事实也正是如此，自正统年间开始后，明朝这种司礼监与内阁相互制衡的运转体制，逐渐就变得严重失衡，司礼监一家独大，甚至压倒百官，宦官王振更权倾朝野。也正是在他的撺掇下，明王朝也最终做出那个疯狂的决定：明英宗御驾亲征瓦剌。只有在一个行政运转严重不正常的体制内，才会发生如此荒唐的一幕。

而对这样的麻烦，明宣宗在弥留之际，也不是没有预警，他的应对办法，就是留下一个强大的辅政团队：除了行政能力卓越的"三杨"阁臣外，另有永乐年间的老臣礼部尚书胡濙，以及战功卓著的名将英国公张辅。这样一个文武荟萃的强大阵容，按说足够确保朝政稳定。

而除了五位大员外，明宣宗的母亲，即太皇太后张氏，更有决断国家大事之权。这位张太皇太后，是明朝少见的女政治家，素以贤德著称。哪怕辅政团队不争气，张太皇太后也足以压住局面。

而在正统元年，明王朝更做出了一个重大的改革：内阁完全执掌了"票拟"大权，正式确立了百官核心的地位。从这时看，明王朝的内部政局，依旧运转正常，后来那场耻辱的浩劫，也丝毫没有征兆。

然而最大的漏洞，在这个辅政团队初步确立时，就已悄然暴露。

教书先生王振逆袭

从表面看，明宣宗的这个人事安排，已经近乎完美。

可真运转起来，却未必这么回事，首先是年龄问题，“三杨”当时已垂垂老矣，朱祁镇登基时，就连最年轻的杨溥，都已有六十三岁。胡濙和张辅更是永乐皇帝时期留下的老臣，这个核心执政团队，年龄严重断层。

而作为朱祁镇身边最亲近的宦官，王振的年龄不详，却早就是蒸蒸日上的新势力。他长期陪伴朱祁镇，与小皇帝感情极深，深得宠爱，而且这人性格狡黠，很会来事，早已暗地勾连了各色关系网，权力扶摇直上。自从朱祁镇登基后，更很快取代了先前的司礼监太监金英，成为宦官界的首席人物。

必须说明的一点是，这个王振并非是不学无术的草包，早年虽说学业不成，只是个教书先生，但典籍中的权谋学问，也都用得圆熟。更值得一提的是，早在朱祁镇很小的时候，王振就负责督促其学业，并非像诸多史籍所说，王振成天撺掇小太子不学好，相反王振对朱祁镇的学业抓得很紧，发挥其教书先生出身的行业优势，把小朱祁镇教育得有模有样，因此早在明宣宗在世时，王振就深得宠爱。非常有名的一件事是：朱祁镇登基早期，一次想蹋球取乐，王振知道后立刻拦阻，当场扑通跪倒，流泪劝说朱祁镇不要沉迷嬉闹。连一旁的“三杨”老臣，也都感动得不行，连声称赞：“宦官中也有这样的贤良人物啊。”

也正因这份出色的工作业绩，所以长期以来，朱祁镇对于王振的感情极深，终其一生，都不直呼其名，始终称其“王先生”。

而对比王振的出色工作业绩，其他几位被给予厚望的辅政大臣，可就一个个差远了。杨荣一直以来，贪污腐败就是毛病。胡濙虽说为官简朴，但却不巧犯了大错：多次遗失官印。杨士奇工于心计，权谋圆熟，但是后院起火，他的儿子在家乡横行不法，民愤极大。外加杨士奇也有一政治污点：偏私。不止袒护儿子，就连同乡犯法，也时常包庇。这有实权的三位重臣，人人都有毛病，而杨溥虽然为官清正，但权谋水平有限，张辅战功卓著，但早早解除了兵权，没毛病的这二位，话语权一直就不大。

如上的情况，长年累月，早就牢牢收在了王振的眼里。他处心积虑，不但结交文官中的亲信，搜罗各位大员的劣迹，早早捏住了他们的短处不说，更四处安插亲信，步步为营地争权。

虽然王振自以为做得巧妙，但事实证明，他还是着急了一些。正统元年（1436年），王振提拔了自己的亲信纪广为禁军都督佥事，自以为做得不动声色，却没瞒住张太皇太后的眼睛。这下碰了大霉头：张太皇太后立刻行动，将五位辅政大臣和小皇帝朱祁镇都叫来，继而宣召王振，当着大家的面，历数王振各色过错，并声言要杀王振，这下可把王振吓坏了，慌不迭地求情。这时九岁的小皇帝朱祁镇更急坏，甚至不断地扣头请罪，求祖母绕过王振一命。一番哭诉后，张太皇太后气消，也就抬手放了王振一马。

这事之后，王振老实了好些年，确切说也装了好些年，见谁都特别谦虚，也让大臣们放松了警觉，而他装得最成功的，却是在张太皇太后面前树立了好形象。张太皇太后起初确实对王振不待见，甚至隔三差五都要把王振叫来骂一通，但王振能忍，不但逆来顺受，而且极力逢迎。他真正讨得张太皇太后欢心的，主要有两件事：一是张太皇太后想带朱祁镇外出进香，但群臣认为劳民伤财，上奏折拼命反对，这下朱祁镇犯了难，不烧香不孝顺，烧香就骄奢淫逸，两下都不讨好，却是王振完美地解决这个问题，即把佛像请进皇宫来，既省钱又孝顺，一举两得。这下可挠中了太皇太后的痒痒肉，老太太笑逐颜开，不住口地夸王振会办事。而另一件事，却更是王振的意外收获。一直以来，王振都想办法整“三杨”的“黑材料”，“三杨”竟窝里反。福建按察使廖谟因为小事打死驿丞，廖谟是杨士奇的同乡，死者却是杨溥的同乡，这下俩老同事真翻了脸，竟从朝廷一直吵到太皇太后身前，张太皇太后也为难，还是王振一句话解决了问题：这事不处理难服众，处理了又寒老臣心，不妨折中一下，廖谟杀人有罪，但给杨士奇面子从轻发落，降职调动得了。一语既出，张太皇太后茅塞顿开，从此就对王振信任有加。而几位德高望重的老臣，却因此颜面扫地，彼此关系更就此破裂。

而随着王振权力日大，内阁四分五裂，王振也乘胜追击，先是往内阁里“掺沙子”，陆续提拔了一批自己的亲信进去。

对几位老臣，更是穷追猛打。杨荣贪污事发，不得已黯然退休。紧接着杨士奇儿子杀人事发，为给儿子脱罪，杨士奇也只得引咎辞职。剩下的杨溥能力有限，只是个摆设。而随着正统七年（1442年）张太皇太后病故，王振更肆无忌惮，从此大权独揽，连朱元璋生前立下不许宦官干政的铁牌，王振都偷偷派人砸毁。

掌权了的王振，不经意间，也就开创了明朝政治的新模式：宦官专权模式。

专权的王振，也几乎呼风唤雨，朝野上下全是同党，两大特务组织锦衣卫和东厂，一家被他侄子王山操控，一家被其心腹马顺掌握。工部郎中王佑主动认王振当干爹，甚至为巴结王振，胡子全都剃光，哄得王振哈哈大笑，立刻提拔他当侍郎。这口子一开，好些逢迎拍马之徒，全都聚拢在王振身边。

这时的王振，也威风到了极点，连参加宫廷宴会，百官都围着他朝拜，就跟侍奉皇帝似的。王振大权在手，自然也胡作非为，贪污腐败必不可少，而且就连和他见面，也明码标价，百两黄金才能见一面，千两黄金才能吃顿饭，想要送礼请托，甚至买官跑官，更得下大本钱。

而对不服从自己的官员，王振也手段酷烈，比较知名的事件，除了他把上书揭发自己罪状的侍讲刘球害死，以及恶治不肯向自己下跪的御史李严，将李严发配铁岭外，更创造一种刑罚：制造一种二百多斤的大枷锁，谁惹了他就要戴上受罚，哪怕侥幸不死，也是重伤。

但是在整人这事上，王振倒也有个好处：顾念乡情。大儒薛瑄起初被王振拉拢，但随后看不惯王振所为，与之愤然闹翻。王振闻讯大怒，将薛瑄网罗罪名打入死牢，眼看这位后来的明朝学问家就要冤死锦衣卫诏狱，孰料当天晚上，王振听到家里的老仆人偷偷抹眼泪，连忙惊问缘故，老仆人流泪答道："薛少卿要被处死，所以我才哭的。"然后一番细说，王振才知道，和自己同是蔚州老乡的薛瑄，在家乡一直享有盛名。接着王振便改主意，仅将薛瑄罢官了事。毕竟是老家有名望的人物，真弄出好歹来，那就没脸回老家了。

但大多数的朝臣们，却没薛瑄这么好的运气，被恶整甚至害死的，更是不少。而归根结底，王振这时的专横，却还是来自于明英宗朱祁镇的全力支持。在整个正统年间，朱祁镇对于王振一直信任有加。一是由于自小形成的情感依赖，在年轻的皇帝眼里，这位严厉的王先生，正是自己成长的恩师。二却是政治需要：朱祁镇童年登基，亲政之前，一直生活在五大辅政大臣与张太皇太后的训导中，长此以往的训诫，自然产生逆反，而对他百依百顺的王振，就显得尤其亲信。而最重要的一条原因是：在后世史书记录中，干尽了太多坏事的王振，这期间做的也并非全是恶行，相反业绩也不少。

王振教书先生出身，肚子里不缺墨水，正统年间做了司礼监掌印太监，干起工作来，也从不缺小聪明。就拿搜罗党羽说，虽然王振的手下多是徐佑这样的无耻之徒，但也有王文这样做事干练的御史。他整掉的文官重臣们，虽有不少忠良，却也不乏巨贪大恶。而且对于许多治国能臣，王振也着力拉拢，比如此时依然担任江南巡抚的名臣周忱，他此时依然在推行的各项经济改革，也多得到王振的全力支持。而在正统十四年“土木堡惨祸”前，王振最拿得出手的一项政绩，就是著名的麓川平叛。

功过争议，麓川平叛

麓川位于今天云南腾冲西南，在明朝的全名叫“麓川平缅军民宣慰使司”，属于明朝治下的土司政权，由当地思氏家族世代镇守。

这个土司机构，设立于明朝洪武年间，但是几年来却经常不消停，时不时就闹点动乱。等到第三代“宣慰使”思伦发时期，更闹得变本加厉，宣德年间就曾多次出兵侵略周边土司，气得镇守云南的明朝沐国公沐晟愤然请旨，要求出兵讨伐。但当时明朝刚从交趾撤军，实在不愿生事，因而睁一只眼闭一只眼。等到明英宗朱祁镇即位后，思伦发大肆侵吞周边土地，欺压忠于明朝的各地土司，俨然成了一方豪强。

对这个不消停的土司，朱祁镇一开始还想忍，甚至还多次免征其各类税赋。谁知事与愿违，眼看思伦发越发嚣张，朱祁镇也终于忍够了。正统四年（1439年），思伦发大肆侵扰腾冲等地，公然武装叛明，明英宗也愤然出手，先后派大军进剿，谁知这思伦发却极强硬，连续多次击败明军，连明军统帅沐国公沐晟，也因忧愤交加，甚至暴死于军中。次年明王朝再度南征，由沐晟之弟沐昂统军，谁知事与愿违，思伦发“坚壁清野”，打得明军灰头土脸，再度劳而无功。

眼看战局不乐观，明朝内部的反战声也四起，此时依然主政的杨士奇等文臣们，更极力主张罢兵休好。年轻的明英宗也不免心生动摇。就在此时，初掌大权的王振站了出来，二话不说否决了罢兵建议：坚决打！

在王振的力主下，外加张辅等人的支持，明军对麓川的第二轮征讨启动。王振之所以全力支持此战，说到底还是为了树政绩立威，但在这次筹谋中，他却不是瞎指挥，相反物色了一位得力能将：兵部尚书王骥。

在当时，王骥可谓是文官带兵的杰出人物，朱元璋之后的明朝文官里，因为战功而封侯的只有三人，其中就有他。而在这次大战前，王骥早就立功颇多，多次出征蒙古，打了多场胜仗。这次王振命他提督军务，更开了一个先例：这是明朝历史上第一次由文官带兵的大规模军事行动。

接下来的战局证明，王振没看错人，正统六年（1441年）起，麓川战役第二阶段打响，明军一改上次的狼狈，打得高歌猛进，特别是发挥火器优势，在马鞍山战役中一次性歼灭思伦发部十多万人，将其精心训练的战象部队消灭殆尽。两年以后，王骥再度南下，终于逼迫缅甸方面交出思伦发，这个长期作乱的枭雄，于正统十年（1445年）被王骥斩首，函送京城。

至此思伦发兵败身死，其领地麓川宣慰使司，也被明英宗改为“陇川宣慰使司”，思伦发的余部，则由其子思机发带领，躲在孟养苟延残喘，而大明的兵威，也将其彻底吓怕，事后思机发派弟弟入京，请求招抚讲和。事情到了这里，按说该圆满结束：挟战胜的兵威，收服思氏家族残部，便可一举安定西南。

然而明英宗与王振对这事却不这么看，非要赶尽杀绝。结果正统十三年（1448年）三月，王骥再度率军出征，这次的战斗打得异常艰苦，明军深入金沙江，一路浴血搜杀，在鬼哭山强行攻坚，终于一举击溃思机发，谁知前脚刚班师，思氏残部又拥立思伦发另一儿子思禄发，再度攻占孟养，这下明军军老兵疲，只能与之议和，承认了其土司地位。麓川地区，终归和平。

平定麓川之战，是“土木堡惨祸”之前，王振专权时期的最大政绩。若以功过论，此战消灭了一直作乱的思氏家族，稳定了西南局势，确实功业多多。但王振好大喜功，特别是正统十三年的这次远征，更堪称重复劳动。结果徒费钱粮不说，更陷入战事泥潭。

而更严重的后果是，正是由于大批精锐部队相继南下征讨，明朝在京城地区的军事力量也大为削弱，后来土木堡之役的败笔，也在这里种下。

军政败坏埋隐患

虽然征讨麓川，留下了诸多隐患，但无论明英宗还是王振，都自然看不到。

而且对照后来的“土木堡惨祸”，其实更多的伏笔，在明英宗执政的正统年间早期，也已相继种下，论罪过，更难归于哪一个人。

在经历了“仁宣之治”的高度繁荣后，正统年间的明王朝逐渐暴露出诸多问题，首先是土地兼并日益严重，这既是封建王朝的自然经济规律，更与宣德年间后期起，吏治的日趋腐败有关。

而土地兼并的直接后果，就是流民的大量增加，从宣德年间后期起，明朝的流民问题就越发严重，大批的无地农民，争相向湖广地区甚至闽浙地区聚集，成为严重的社会隐患。在“土木堡惨祸”前，南方的浙江、福建，相继发生叶宗留、邓茂七等人领导的农民起义，广东也爆发黄萧养领导的农民起义，逼得明军不得不大举南下。换句话说：“土木堡惨祸”前，大明的军队，一直是多线作战。

同时天公也不作美，自从明英宗登基后，一直到土木堡惨祸前，明王朝几乎无年不闹灾，特别是北方的山东、河南、山西地区，更是连年持续不断地发生蝗灾。这时的明王朝，赈灾问题做得还算靠谱，明英宗本人也是连年下旨，督促地方官员开仓赈济，更颁布规定：凡是逃荒百姓积欠的赋税，一律减免。而这时的王振，表现也相当不错，正统七年（1442年），他还做主减免了明王朝往各地的采办，减轻百姓负担，确实善举不少。

但一个最严峻的问题，无论明英宗还是王振，都没有看到：军政败坏。这最直接的表现，就是卫所制度废弛，大批士兵逃亡。

由于土地兼并的剧烈，原属于军队卫所的各类军屯土地，也大面积流失，外加腐败滋生，军户负担加重，各地士兵不堪重负，纷纷逃亡。正统年间，明朝进行了多次军队户籍的清理，好些地区军队缺编极其严重。比如山东御史李纯奏报，山东的好些卫所，一些原先有上百士兵的军事重地，竟然逃得只剩下一两个人。

而没逃的部队，不但战斗力低下，而且供应严重不足。比如军事重地大同，御史张鹏就曾奏报，亲眼看到大同当地的驻军衣不遮体，生活极度困顿。而且军械质量也下降，号称大明最精锐的高科技部队神机营，正统四年（1439年）领到的兵器盔甲，好些质量都不过关，根本不能用于战争。就连大明最精锐的骑兵三千营，战马竟然缺两万多匹。这样的军队，根本打不得仗。

如上的各种情况，明英宗不是不知道，每次也都及时办理。但是问题累积成堆，处理办法更都是小修小补。根本问题在于明初确立的卫所军事制度，这时已经遇到了大麻烦。而还没等着明英宗解决这麻烦，瓦剌打来了。

瓦剌敌人很强大

正统十四年（1449年）七月，瓦剌首领也先借口明朝削减马匹价格，悍然发动了对明朝的入侵：中路军由他亲自率领，攻打军事重镇大同，东路军由傀儡可汗脱脱不花率领，攻打辽东，另有阿剌知院率军，攻打宣府。

这场战争的导火索，是明朝与瓦剌之间的“互市”贸易纠纷，然而更深层次的原因是为这场战争，也先已经准备了很久。

早在正统十一年（1446年）的时候，也先就曾大举入侵辽东女真，而在当时，已经有诸多大臣警惕到也先的野心，麓川战役期间，之所以诸多朝臣拼力反对，一大原因正是对北方边患的警醒。

但在这事上，王振却眼光极短，这人权谋一流，国家大事的眼光，却只是末流，最大的能耐，不过是些小聪明，因此多年来瓦剌大肆扩张，明朝基本不管，直到战火烧到家门口，却还浑然不觉。

事实是，这次瓦剌的入侵，是明朝自朱元璋时代后，北方面临的一次巨大考验。因为即使永乐皇帝朱棣在位时，对蒙古部落也是打一批拉一批，从来未曾与整个蒙古草原开战。但这次的瓦剌却不同，三路的入侵大军，既有瓦剌本部兵马，更有傀儡可汗脱脱不花率领，早已臣服瓦剌的鞑靼部兵马。换句话说，这是明王朝自北元瓦解之后，第一次面对蒙古草原部落的联合入侵。

一边是历经多年战争磨练、踌躇满志的蒙古骑兵，一边是多年来积弱不振、问题成堆的大明边军，开战之后，过程毫无悬念，军事重地大同损失最惨，当地驻军主动出兵抵抗，先后在猫儿庄和阳和口被杀得大败。值得一提是，这两场战斗，明军表现非常英勇，两个主将吴浩与宋瑛，都先后为国捐躯，拼了死命，还是打不过。

败报传来，朝野震动。明王朝也火速做出应对，由驸马井源率四万大军出击大同，谁知井源的大军刚出发，七月十五日，明英宗立刻做出决定：率领五十万大军御驾亲征。

做出这个决定，正是由于王振的撺掇，这个鼠目寸光的权阉，大难临头尚不知，反而小聪明发作，得知瓦剌军队人数极少后，心中也盘算开来：如果集结重兵出击，打个大胜仗，岂不更能巩固自己的地位?

小聪明的王振，把战争想得太过简单，根本不清楚个中的残酷性。外加明英宗年轻，只觉得御驾亲征壮怀激烈，也根本没想操作性，结果这主仆一拍脑袋，大明王朝的战争机器火速开动，不到两天就集结了几十万人，七月十七日大军开拔，留下成王朱祁钰在京城监国，内阁重臣曹鼎、张益、英国公张辅乃至六部尚书等重臣，全部随行。也就是说，大明王朝的中央级别官员，三分之二都上了战场。

无论从哪个角度看，这样一个决定，都堪称荒唐，一个不懂军事的皇帝，外加一个拍脑袋的太监，竟然就联手导演了这样一场闹剧般的出征，这样的情景，放在任何一个政治制度运转成熟的王朝，都是不可想象的。

而这恰是此时明朝政治最大的短板，明宣宗留下的辅政团队，早已轻易被击破，王振为首的宦官势力一家独大，完全压倒了文官集团，先前话语权极大的内阁与六部，这时全成了王振的马前卒。本身文官制度的制衡体制，一个重要的职能，就是对专制帝王的制约，特别是遇到重大抉择时，这种制约往往可以纠错。然而在此时，这却成了空谈。

于是，这场出征于七月十七日起，开始了悲剧的情节：大军出征后就麻烦不断，先一路遇雨，道路泥泞，行进非常艰辛，很快又遇到了断粮，好些大臣饿得饥肠辘辘，士兵士气更是低落，一路抱怨声不断。

之所以闹成这样，还是王振想得简单，总觉得打仗就是把人凑起来就好，所谓兵马粮草、物资供应、战略战术，更是想都没想。这次出征的军队总数，号称五十万人，但对比正统年间的战争就知道，当时南征麓川，以及东南平定邓茂七的起义，早已抽走了京城相当多的精锐部队，留守的本身就是些二线部队，而且以当时愈演愈烈的军户逃亡景象，无论如何也不可能在两天之内凑齐五十万人。而论质量，这帮士兵的素质更是差，几乎没有受过什么训练，好些人连刀枪盔甲都没有，这么一群人拉到前线，完全是送死。

随着行军的进行，越来越多不想送死的大臣们，争相给明英宗进言，这时轮到王振大发淫威了，凡是进言撤军的大臣，不是被他罚跪，就是被他编入前线军队，等着打仗的时候当炮灰。就连将门之后，成国公朱勇向他奏报，也要“咸膝行进”。这么一群文臣武将，就拿这个太监没招。

在王振的几番威逼下，大臣们都不敢在说话了，于是这支沮丧的大军，经过十多天艰难行进后，终于在八月初一抵达了目的地：大同。此时明朝先期派出的驸马井源的部队，已经被瓦剌消灭，瓦剌闻明军大军已到，已然后撤二十里，企图诱使明军出塞追击以全歼明军。

谁知这一次，没有大臣敢劝，王振自己却改主意了，到达大同后，亲眼看到战场的惨状后，王振着实惊了，真实的战争，远没有想象中轻松，自己热情高涨地跑上来送死，其实是干了一件大蠢事。结果荒唐的一幕再度发生，大军抵达大同，还没等着喘口气，第二天就在王振的撺掇了，明英宗再度下令：班师回朝。

听说要撤兵，明军的行动力极强，全军火速开拔，如果按照原路撤退，基本万无一失。然而王振却又心血来潮，非要回老家蔚州耍威风，这一下大军又要绕道，改成从紫荆关回京，等于几十万士气低落、疲于逃命的军队，直接暴露在瓦剌军眼皮底下。

这样做的严重后果，大臣们不是不知道，但王振的威风，大家更知道，就连精通军务的英国公张辅，也干脆一言不发。而经过多日观察后，久经沙场的也先，也终于摸清了这支明军的底，开始尝试尾随追击。

事实是从大同到紫荆关的这一路，原本应该十分安全，早在明朝洪武年间起，这条线上就有明朝的大批卫所。然而时过境迁，各处卫所不是沦陷就是裁撤，这一条线路，早就变成蒙古骑兵的自由通道，于是数万瓦剌大军尾随追击，很快逼近了明军。

眼看着火烧眉毛了，王振却再度犯傻，好不容易确定了从紫荆关回京，谁知王振又犯嘀咕，生怕大军踩坏了老家的庄稼，眼看就要到蔚州，立刻又下令全军原路折返，改从居庸关入京，这么一闹，等于来了个“折返跑”，丧失了撤军的黄金时间。

而在瓦剌大军日益逼近后，王振也终于做了一个正确的选择：由成国公朱勇等四员大将，率领五万骑兵，分头阻击瓦剌军。结果训练有素的瓦剌骑兵，给明军上了一堂生动的骑兵训练课，三下五除二就将明军击败。即使如此，明军奋勇阻击，也总算迟滞了瓦剌军追击的脚步。再次赢得了三天逃命的时间。

这宝贵的三天，是这支明军最后的机会。

奇耻大辱土木堡

利用这宝贵的时间，明军星夜兼程，于八月十四日中午抵达了怀来北面的土木堡，只要再坚持走一个时辰（两个小时），明军就可安然进入怀来城，这次来去匆匆的北征，也就可全身而退了。

但意外偏偏又在此时发生了，王振因为运载自己家产的十几辆车子没有到，坚持让部队停下来等，一等就等了整整一下午。而瓦剌军方面，就趁这宝贵的一个小时，黑压压地扑了过来，先占据了当地唯一一处水源，然后骑兵四处扎营，将明军团团包围：御驾亲征的明英宗，这下跑不了了。

其实就在瓦剌骑兵追到前，明军还有最后一次逃生的机会：兵部尚书邝焚主张，集中最后的精锐骑兵，护送明英宗火速前行，能逃出多少是多少。这本来是最后一桩办法，然而铁了心的王振却不知为何，坚决不肯答应，这次邝焚也终于胆气充盈，和王振当场大闹起来，最后被卫兵打出军营。就在争执间，瓦剌大军合围，明军没救了。

八月十五日白天，瓦剌大军集结重兵，向断水缺粮的明军发动了总攻，悲剧就此到达高潮：明军竟然爆发出了强大的战斗力，结成军阵数次打退瓦剌大军的进攻。眼看强攻不力，狡猾的也先再次要诈，假装要与明朝议和。已经苦苦坚守三天，断水断粮的明英宗果然上当，眼看瓦剌大军故意撤出水源地，早已饥渴难耐的明军蜂拥去取水，就在这时，瓦剌大军的突袭发动了，明盔亮甲的蒙古骑兵一面高呼着“解甲者不杀”，一面肆意砍杀着失去武器的明军，原本惨烈的攻坚战，这下彻底变成一边倒的屠杀，数十万明军土崩瓦解，全线崩溃。

这场浩劫一般的战败，整整杀了一夜才落幕：明军只有千余人突围出来，数百文武大臣遇害，数十万士兵阵亡，酿造这一惨祸的王振，更一并惨死于军中。而翻开阵亡名单，更令人痛心疾首：内阁阁臣曹鼎等人、战功卓越的英国公张辅、六部尚书邝埜等人，全在阵亡之列。大明王朝的核心执政团队，几乎全部报销。这耻辱的一幕，便是土木堡之败。

然而就在这一系列耻辱中，却还有一幕场景，即使瓦剌军见到，也不禁动容。

当惨烈的屠杀接近尾声时，尸横遍野的战场上，却隐然飘扬着一面大明的龙旗，一个二十多岁的年轻人，在数名护卫的簇拥下，淡然地下马放剑，等待着未知的命运。也先的弟弟赛刊王见状惊讶无比，经过明朝俘虏地辨认，终于确认了这个惊天的事实：大明皇帝朱祁镇，被俘了。

这以后的朱祁镇，承受着沦为俘虏的耻辱，在瓦剌军营中，度过了一年多囚徒的时光，更经历了多次生死考验。然而值得称道的却有一点，无论身处怎样的险恶局面，受到怎样的磨难，瓦剌人面前，朱祁镇一如既往，保持着他的淡然，也先的弟弟伯颜，更对他钦佩不已，甚至到了后来，朱祁镇得以被放归时，伯颜竟然一路相送，依依惜别。这个执政失败的青年皇帝，唯一称道的，便是一直保有这高贵的气节。他的雍容大气，甚至感动了敌人。

但在当时，不论朱祁镇本人多么淡然，京城上下，却真是乱作一团。大臣们除了哭天抢地，就是呼吁迁都，关键时刻，却是代理兵部尚书于谦站了出来，愤怒驳斥了迁都的奏议，定下了整军备战的抉择。八月十八日，监国的成王朱祁玉召开会议，众大臣怒斥宦官乱政，当着朱祁玉的面吵做一团，并在争吵中爆发了群殴，当场殴死了王振的亲信太监马顺。因众怒难犯，朱祁玉当场宣布王振罪状，并将王振全家满门抄斩。九月，朱祁玉正式登基，次年改年号为“景泰”，正在蒙古当囚徒的朱祁镇被尊为太上皇，同时大规模的清算行动展开，诸多王振的亲信宦官及党羽纷纷落马，全权负责北京防务的于谦整肃内部，调集重兵，安定人心，最终于十一月在北京保卫战中击退瓦剌大军。从此，为“土木堡惨祸”买单的罪过，也仅由王振及其党羽们承担了。

崇祯皇帝错在哪儿

说起大明王朝悲情的灭亡，一个外力因素总是被不断提起：天灾。

崇祯年间，大明朝自然灾害的发生频率，堪称历代罕见。有科学上的说法，这是恐怖的小冰河期，不幸被崇祯遇上了。

但是比崇祯皇帝早一百多年，同样在十七八岁年纪，便登上帝王宝座的明孝宗朱祐樘，其实也遇到了类似的情况。

后人总结崇祯年间的灾情，都在叹息崇祯皇帝运气差。那么，不妨瞧瞧下面这一组数据：成化二十三年，陕西地震、河南水灾；弘治元年，山东旱灾、江苏水灾；弘治二年，河南水灾、华北旱灾；弘治三年，浙江水灾；弘治四年，陕西旱灾、江西水灾；弘治五年，苏松河水灾、淮河决口、京杭大运河断流、广西瘟疫……

水灾、旱灾、瘟疫，崇祯年间遇到的恶心事，弘治年间也全碰上了。崇祯皇帝的东北，有后金皇太极闹腾，弘治皇帝的正北，有统一了蒙古草原的达延可汗巴图蒙克虎视眈眈。

崇祯皇帝刚上台，碰上了大老虎魏忠贤以及一干阉党，弘治皇帝没碰上这样的大魔头，但内阁是纸糊的三阁老，六部是泥塑的六尚书，行政效率近乎瘫痪，一件事交代下去，各级官员都扯皮。比如弘治皇帝要杀妖僧继晓，结果各级官员上下隐瞒，硬让这江湖骗子又混了快一年。“嘉兴盗”事件更雷人，一个叫陈辅的百户拉队伍当土匪，到处打家劫舍，地方官先是能瞒就瞒，瞒到人家打上门了，知府吓得翻墙跑，就没个挺身而出的。软钉子的破坏力，绝不亚于大魔头。

确切说来，崇祯皇帝的困难，弘治皇帝也碰到了，而且有个事情，还更困难：崇祯年间那么多灾，但最富庶的江南却没闹灾，朝廷的本钱总算在；弘治年间更倒霉，偏碰上苏松河大水，江南一片泽国，外加京杭大运河断流，本钱都快没了……

真比运气，十八岁的弘治帝朱祐樘，真心不比十七岁的崇祯帝朱由检好多少。

弘治帝与崇祯帝的区别

就性格说，弘治帝与崇祯帝，完全就是两类人。崇祯帝从来都是狠人，办事风风火火，臣子说杀就杀。大臣不给力，就亲自赤膊上阵，十足一条好汉。

弘治帝就差远了，从做太子的时候起就低调，当了皇帝依然低调。弘治帝对大臣十分礼敬，常称呼老臣为“先生”。弘治帝的脾气更好得很，一些嚣张的老臣，在弘治帝的面前说话格外高调，啥话都敢说，急了还开骂。但不管大臣多着急，弘治帝始终坚持“文明上朝”，虚心接受。弘治帝是个老实人。

可后来对比的事实证明，抗灾这事，老实人要比好汉有用。何况弘治帝这位老实人，外表谦和但内心极有主意，中国历代帝王中，这是个“扮猪吃老虎”的典型。

一个字概括他们的区别：崇祯帝会打，弘治帝会捏。

比如整治臣子，崇祯帝奉行的原则，就是刚猛暴烈，打人就往死里打。一群人不像话，就打一群人。闹得明朝上下，隔断时间就是一顿整肃风暴。但风暴过后的结果，就是官员们坑上司的办法，越打越进化升级。几个能给崇祯帝干点事的好臣子，不是给坑死了，就是给坑跑了，还有给坑投降了。而那些被崇祯帝宠爱到底的股肱之臣，最后国破家亡，出卖起大明朝来，却是一个比一个带劲。

而弘治帝的办法，却是和风细雨，甚至和气到唾面自干。弘治帝登基后屁股还没坐热，朝中的“大老虎”内阁首辅万安，就先来个下马威，率领群臣集体辞职。弘治帝要是批了，就是光杆司令，弘治帝要是不批，就要下诏挽留。一挽留就是给了鉴定，以后想整万安，那就没理由了。对这打上门来的挑战，弘治帝毫无压力，微笑着挽留，算是捏着鼻子认了。

但捏完了鼻子，弘治帝便是反戈一击：早就整好了万安的“黑材料”，然后派太监怀恩送到内阁去。这“黑材料”可不简单，全是万安当年投成化皇帝所好，写的黄色小说。“扫黄”的大帽子砸下来，伦理纲常面前，群臣一片哗然，万安当场脸成了灰色，忙不迭地辞官跑路。一代首辅，就此倒台。打脸多狠不重要，关键是捏短，这便是弘治帝的手腕。

而在放手治国后，弘治帝的捏短本事，更堪称炉火纯青，特别强大的本事，就是捏人。弘治帝登基后第一件事，就是找回了王恕和马文升两个老臣，这二人全是以干练和清廉著称的名臣，一个任吏部尚书，一个任兵部尚书，一个整文官一个整武将，反贪风暴横扫大明。弘治帝登基第一年，下岗官员就有一百多人。

对这类名臣，弘治帝不但眼光准，而且极度力挺。王恕脾气倔，和皇上说话也不客气，向来招人烦，但弘治帝却不烦，王恕说多难听都听，说得对的立刻办。王恕建议弘治帝把全国地方官的名字都贴在弘治帝的“办公室”里，方便随时查看。结果王恕第二天入宫奏报，发现连柱子上都贴满了全国地方官的名字。马文升出手狠，整起骄兵悍将不留情，传言腐败分子收买杀手，要取他性命。马文升还没害怕，弘治帝却害怕得不行，立刻派了最精锐的锦衣卫来，二十四小时保护马文升。阁老邱浚小心眼，但他的《大学衍义补》提出了著名的重商主义理念，弘治帝阅后拍案叫绝：印发全国，各地官员都要学习。

不但会捏忠臣，甚至捏起奸臣来，弘治帝也得心应手。“纸糊三阁老”里官最大的是万安，但最招恨的却是刘吉，这人不但不干正事，干歪事还有歪才。比如导致万安下课的黄色小说，刘吉同样没少写，而且写得更加声情并茂，几十年后还被编辑成册，成了嘉靖年间的畅销书。刘吉脸皮也更厚，从来不怕骂，人送绰号“刘棉花”。

对这位奇葩，弘治帝的办法，就是以毒攻毒。万安倒台后，刘吉被加封为内阁首辅，成了“纸糊三阁老”里唯一幸存者。但在弘治帝的敲打下，此君摇身一变，从此专注于国家大事，全力配合朝廷的肃贪整顿。他这一配合可不得了：本身就是个奸臣出身，下面要奸手段的人，在他面前全是孙子辈，有一个抓一个，建树着实多。甚至就连国防工作，他都干出了大贡献：吐鲁番长期侵扰霸占哈密，刘吉献“闭关绝贡”计，一招掐住吐鲁番死穴，使其果断认怂服输，大明西部边陲就此稳定。

就连让历代明朝皇帝最头疼的群体——言官，弘治帝也大着胆子捏。南京镇守宦官与当地文官因为土地产权纠纷，发生互掐大战。北京和南京的言官们闻讯十分兴奋，打了鸡血般地开骂。正骂得高兴间，弘治帝果断出手，谁骂抓谁，然后先放话要重办，然后又依王恕的主张从轻处理，期间顺藤摸瓜，查明大批言官的劣迹。最后认真甄别：干正事的放过，乱骂的赶走。弘治年间的言路，从此清明健康。

除了捏人之外，弘治帝还捏制度。政府效率低？那就定规矩，普通内容的公文，处理时间不能超过十天；战争等国家大事的公文，处理时间最多不能超过十五天。外带抓地方官考核，以前是地方按察司管，现在变成巡按御史和巡抚管，从此地方上别想勾结欺瞒。政府没钱？那可不能乱加税，什么剿饷、练饷乱收就是自己找死。那就改革征收制度，农业税搞实征册制，该收多少钱粮，不能凭地方官胡来，全凭朝廷造册验证。外加搞漕运补贴，国家出钱贴补京杭大运河的运军，休想再让老百姓买单。另外也要开源，重点就是商业，政府颁布“开中法”，商人有钱就可以拿到食盐贸易权，赚了钱就要给国家交税。于是百姓负担少了，政府腰包反而越发鼓了。

简而言之，比起崇祯帝上台后的大杀四方，比他早一百多年，十八岁的弘治帝，通过巧妙的拿捏，迅速扭转了成化年间人浮于事的糟糕状况，成功重建了一个财政充裕且积极向上的高效政府。面对扑面而来的天灾，这政府的抗风险能力，不是一般的强。

两修黄河

弘治帝登基后面对的最大自然灾害，就是黄河水灾。弘治二年，黄河在开封决口，一下子河南全境乃至山东南部，全成了黄泛区，中原大地一片泽国。这是自元末贾鲁治理黄河以来，中国北方遭受的最大规模的黄河水灾。

黄河水灾有多大破坏力，说一句元末谚语就知道："石人一只眼，挑动黄河天下反。"不治迟早要完蛋，但治不好，很可能就导致农民起义，元末血淋淋的教训就在眼前。

这次灾闹得太大，以至于局面极为严重，然而朝野中的大多数意见，竟然是不能救。主流的看法，就是干脆把开封城迁走，选址重建。也有少数官员坚决反对，认为必须要救，兵部尚书白昂就是其中之一。

弘治帝见状也拍板：你说救，那你就去救。于是政府发动民夫二十五万人，开始了大规模整治。这次的治理思路，和元朝贾鲁治河一脉相承：也是通过挖掘排水河，将黄河引入淮水入海。关键是，怎么挖？

以往修黄河的办法，无外乎挖沟和修堤坝。但这两件事的技术难度，不是一般的高。经常见的剧本是：要么是堤坝被咆哮的黄河水冲毁，要么是东家不闹西家闹，摁下葫芦起来瓢。而且人工挖河的速度远赶不上洪水暴涨的速度快。你正挥汗如雨地赶工程，却发现已被淹没在茫茫波涛里了。

对这个问题，天顺年间害死于谦的大奸臣，亦是明朝一代杰出水利学家的徐有贞，曾做过一个经典实验。

找两个容量相等的水箱，装满同样质量的水，一个箱子底部开一个大窟窿，另一个箱子底部开若干面积总和与大窟窿相同的小窟窿，开始放水，结果证明：开若干小窟窿的水箱水先放完。

徐有贞用这个实验说明：在开挖运河缓解水患的问题上，与其开挖一条大运河，不如开挖若干条总流量相等的小运河（徐有贞、张秋治水，或谓当浚一大沟，或谓多开支河，乃以一瓮窍方寸者一，又以一瓮窍之方分者十，并实水开窍，窍十者先竭）。

这次实验在四百多年后，也被美国物理学家史密斯尝试过。这就是物理学著名的水箱放水实验。著名的巴拿马运河正是以此为理论基础开凿成功的。而在这之前，弘治帝治理黄河，已经对此理论做了最完美的验证。

临危受命的白昂来到了河南，整个中原大地已经是汪洋一片，殃及河南、山东、河北、江苏等地区。但白昂毫不慌乱，黄河最终还是要奔流入海的。治水的关键在于如何让黄河以最平稳的线路入海。所以，白昂提出了治水方略：北堵南疏。

北堵，就是在黄河以北的沿线地区修筑堤坝，防止黄河水向北蔓延；南疏，就是在黄河南岸地区广挖运河，分流缓解洪峰压力，并将黄河南岸几条水道连接起来，引导黄河水经淮河入海。一句话：把黄河水平安赶入大海，就是胜利！白昂抓住了两个关键的开工点：河南阳武和宿州古汴河。

具体操作方法是：沿河南阳武修筑长堤，阻止黄河水北上；疏通宿州古汴河，引黄河水入汴河，再由人工开掘线路，将汴河与淮河连接起来，使黄河经由淮河入海。施工方法则是完全按照徐有贞的实验理论进行的。黄河南线开挖大大小小的月河，分流入淮。

与之相对应的，是大大小小的拦水坝和分流月河的修筑与挖掘。白昂细致考虑到了所有的可能，在修筑河堤的同时，也在河堤下面修筑拦水坝缓解水势。而从河南到江苏，从江苏到山东，数千条大大小小的分流月河开工了，它们仿佛一根又一根坚韧的网线，细细密密，缠住黄河猛兽庞大的身躯。这是一项横跨中原四省的大型水利工程，施工时间却有限得很：必须要赶在第二年雨季到来前完成施工，否则新一轮汛期来临，所有的心血都将化为泡影。

工程大，工期急，白昂迎难而上。工程监督一丝不苟，违纪官员逮谁办谁，特别是在分流泄洪这一敏感问题上，白昂毫不留情，专拿富户豪强开刀，尽量保护百姓财产，直把几省地方大员折腾得叫苦连天。

但也正因如此，整个治河工程进展顺利，但白昂却并未轻松，他隐约感到，自己这个看似完美无瑕的治河计划里，似乎隐藏着一个巨大的漏洞。终于，当他来到一个地方，仔细观察了当地水情后，他找到了这个漏洞。这个漏洞，就是山东张秋河。张秋河西接黄河，东接京杭大运河，是中国北方水路交通的枢纽。但一旦入淮的洪水超过了淮河的承受力，那么淮河沿岸势必将遭受灭顶之灾，而张秋河将会率先发生决堤，成为整个淮河大水灾的导火索。

意识到问题严重的白昂急忙向朝廷写了奏折，建议从山东东平至青县，开凿十二条月河，将部分黄河水引入山东大清河与小清河入海，缓解淮河的分流压力。这是一个事半功倍的方略，既避免淮河水患，又解决山东北部旱区的用水问题，可谓是一举多得，万无一失。可万万没想到，朝臣们一看就炸了锅，说这办法劳民伤财，坚决反对。弘治帝也一念之差，摆手没同意。

没同意的后果极其严重，这次治理后才三年，河南没闹灾，弘治六年（1493年），淮河又闹灾了，这次黄河从张秋决堤，继而由汶水入海，京杭大运河全线断绝。

这下麻烦大了，当时的京杭大运河，连接南北运输，国家的财政赋税，更全指着运河输送，这下等于主动脉被卡。后悔药都没得吃的明王朝，只能再度征发二十五万民夫治理，这次的治理工程，由名臣刘大夏负责，而且吸取了上次的教训，除了疏通河道外，更增修多处河道，确保河水分流，历经三年治理，再次顺利完成。

虽然多折腾了一趟，但经过这次整顿后，一直到明朝隆庆年间，又是近一百年的时间，黄河再没发过大规模水患。北方的生产，总算稳定下来了。

谁知江南又出事了。

苏松河治水

弘治五年（1492年），弘治帝又惊闻晴天霹雳：江南苏松河河道淤塞，洪水泛滥，灾情波及松江、常州、苏州、镇江等重镇，都是中国当时最重要的产粮区！

明朝北方的粮食主要靠南方供应，南方的粮食和赋税主要靠江南。所以，自宋代以来民间有谚语："苏湖熟，天下足。"如果苏湖不熟呢?

解决办法只能是治水了。弘治帝选择了一个人——工部侍郎徐贯。

徐贯，字原一，浙江淳安人，天顺元年进士，历任兵部主事、福建右参议、辽东巡抚，主要工作成绩只有一个——打仗。至于治水，可以说是既没吃过猪肉，也没见过猪跑。

但这不是乱点鸳鸯谱。首先，徐贯只做狠事，在福建的时候不经领导批准把官仓的粮食分给灾民，差点宰了管仓库的军官。后来徐贯到辽东做巡抚，严办不法军官，将罪大恶极者脱衣游街，给予精神和肉体的双重摧残。一提徐贯的名号，许多老兵油子竟吓得哆嗦。

但狠人徐贯还有一个特点：谨慎。他不打无把握之仗，还亲笔题写了一款墨宝"百闻不如一见"以自省。治水这种高技术含量工作，没有这种调查研究的精神是万万不能的。

而最重要的一条是，朱祐樘深知：南方的水患和北方的水患不一样。

徐贯风尘仆仆地来到江南，在考察灾情后他明白：不一样，确实不一样。治黄河要修坝，治理苏松河却要清淤。

苏松河，就是今天的苏州河，是太湖流域的一条支流，它的沿岸，是由苏州至松江（上海）的中国当时最富庶的经济带。直到今天，太湖流域的清淤问题，依然是当地政府头疼的大事。

为啥难？这是个科学问题。上游水流带来的淤泥，到了水势平缓的地方就会沉积，形成淤积，从而引发水灾。所以，清理淤泥就像在家清理鱼缸一样，是每隔一段时间都要做的必要工作。

但为什么偏偏苏松河最严重？原因在于：苏松河淤积不止天灾，更有人祸。

人祸，就是指苏松河沿岸甚至河道上的庄田。淤泥土质肥沃，自然被很多人盯上，在河道上修坝建圩，开垦良田。这样一来，水道的行洪泄洪能力大大下降，造成严重的洪涝灾害。而唯独这些庄田因为建在坝上平安无事。

于是，波涛汹涌的苏松河，上游被人占坝建地，下游也被人占坝建地。长此以往，任你怎么累死累活地挖淤清淤，还是没法解决问题。

但这帮涉事者都是当地豪强，地方官知道此举的危害，可谁也管不了。别人管不了，徐贯管。

到达灾区后经过考察，徐贯下令：凡是建在河道上的违章建筑，限期内必须全部拆除。消息传来，中小地主们人心惶惶，豪强大族们只是冷笑：你算什么东西，管到我们头上来了。

很快他们不笑了，徐贯不仅管到他们头上，还要骑在他们头上。眼见命令石沉大海，徐贯调动兵马，对各类违章建筑进行拆除，先拿苏州的几家皇亲国戚开刀。这可是一石激起千层浪，有拦的、有骂的，京城这边也不消停，官员们天天上书骂徐贯，连后宫皇亲们也都轮番喊冤。一开始朱祐樘只装听不见，实在受不了了，干脆下了一道诏书：谁敢再妄议徐贯，一律治罪。

有皇帝撑腰，徐贯干得更欢了。所谓地主恶霸，还是软骨头的多，立刻一百八十度大转弯，家家争着拆违章建筑。而徐贯再接再厉，他选拔了一批具有专业技能的中层管理人员，开始了大规模的苏松河清淤工程。不到一年的时间，苏松河流域的清淤工作已然全面完成，生产全线恢复。

事办完了，可徐贯不走，他接连给朱祐樘上书，力主对苏松河流域进行进一步整治。因为徐贯知道，清淤是一个长期工作，今天挖完了用不了多久又会堵，折腾下来又耗时又耗力，想长期解决问题，还得依照科学办事。

单纯地挖掘淤泥只是笨办法。淤泥是水流冲击形成的，如果水道流量加大，流速加快，那么淤泥沉积的数量都会小得多，日常的清理维护也会省事。为了彻底解决问题，徐贯奏请朱祐樘批准，又继续做了另一件事：挖河。

这是江南历史上一次大规模的河道整治工作，徐贯开挖了数条运河，将苏松江与附近的几条水域连接起来。为了控制水的流速和流量，他特意设计了拦水闸与蓄洪水库。如此，苏松河不仅水患解除，更为太湖几条河流的分流泄洪起到作用。

今天我们去江南，依然可以找到当年建设的水利工程遗址，每当看到这些的时候，你一定会由衷地感叹：中国人的智慧是无穷的。

弘治八年（1495年），徐贯主持的江南地区的水利整治工程全线完工。这是一项对大明王朝有着生命线意义的工程。占明朝财政收入大半的江南地区重现繁荣，水灾肆虐的太湖流域重归鱼米之乡的盛景。若无此举，弘治年间的盛世大局，只能是镜花水月一般的泡影。

功成归京的徐贯升为工部尚书，不久退休，去世后赐谥号为康懿。这位奠定江南百年繁华的人，竟然同样在清朝人官修的《明史》中无传。关于他的记录，都是从福建、江苏、辽宁等地零碎的地方志中整理来的。但我相信，徐贯不会因为史官的偏见而被岁月遗忘，因为他倾注了无数心血的苏松河依旧奔腾不息，欣欣向荣的江南，是那段燃烧着热血的岁月的见证。

三个重灾区的改造完成，标志着弘治帝抗灾工作的全面胜利。以后的数十年，自然灾害依然时有发生，但大规模自然灾害基本绝迹了。重新爬坡的大明王朝，可以全面开始生产建设了。伟大的弘治中兴，就此要进入高潮了。

下篇　官圈

让朱元璋上了一辈子火的直臣

明朝的官员们，公认最惊险恐怖的事情，莫过于从明太祖朱元璋手里逃命。

因为这位中国历史上出身最“草根”的帝王，一个原则自始至终：宁可错杀，绝不放过。

本着这一原则，他执政三十年的洪武年间，这个大明王朝经济重振的激情年代，也是官不聊生的恐怖岁月。连番整肃风暴，每次大案都是数万官员落马。就连大明乡村的田间地头，灿烂金黄的庄稼地上，满是穿囚服玩命干活的苦汉子：全是接受劳动改造的官员。

在这样的年月里，犯到朱元璋手中想生，就真叫一个难。比如明初伟大的学问家宋濂，只因自家孙子和大奸臣胡惟庸吃了几顿饭，便被下了死牢。之后朱元璋的儿子朱标苦苦哀求，结发妻马皇后气得绝食，这才闹得朱元璋稍抬手把死刑改成了流放。那年头，这都是逃生成功的奇迹了。

可偏有一个人，却真正创造了更大的奇迹：明明下了死牢，眼看死罪难逃。不用朱元璋的老婆孩子帮着绝食哭闹，朱元璋就亲自急匆匆跑来纠偏，亲手把他从死亡线上拽出来。

这件奇迹，在《国朝献征录》里，更写得像神话一样：

朱元璋复核死刑犯，偏巧认出了他。正惊讶间，却猛然一阵轰鸣，只见天上电闪雷鸣，半天干打雷不下雨。朱元璋傻看了半天，立刻满脸严肃冲他拍板：“难道你有冤枉？”刚说完这话，轰隆的雷声立刻停止，于是该人平安得救。

这位创造奇迹的幸运儿，就是被朱元璋曾送绰号“快口御史”的韩宜可。

而刨去神话色彩说，幸运从朱元璋手下逃生的韩宜可，之所以能被朱元璋迅速认出，并非因为他多么会来事得宠。恰恰相反，这是一个三十年里，经常惹朱元璋上火生气的男人。

明朝言官祖师爷

幸运逃生的韩宜可，放在大明朝，更有一个公认的荣耀：明朝言官祖师爷。

这位祖师爷多传奇？在号称士风刚烈的明代言官群体中，三百年间涌现胆大包天的牛人无数。但无论是单枪匹马横扫腐败分子的顾佐，还是曾大骂万历皇帝吃喝嫖赌的雒于仁，甚至是曾上《治安疏》气疯嘉靖皇帝，晚年更成为南京言官界大佬的名臣海瑞，都不约而同对韩宜可这位老前辈表达过由衷的赞叹。

典型如海瑞，当年骂了皇帝下了诏狱，在暗无天日的牢房里受够折磨，却还忘不了吟诵韩宜可的诗篇来自勉。海瑞人生最黑暗的岁月，正是韩宜可的精神陪他度过。

更常见的场景是，明朝三百年间，当有御史惹恼了皇帝，被拖出去杖责的时候，好些人被打得皮开肉绽，嘴上却依然强硬，说就是打死了自己，自己也要做快口御史韩宜可。每当重复这个姓名，便是一场战斗力爆表的场景。不夸张地说，这个闪光的姓名，是大明言官中最锋锐的宝剑，每次高高举起，就可召唤无穷的力量。

之所以有如此大威力，是因为这位看似平凡的人物，人生的业绩实在给力：招惹朱元璋。

在整个洪武时代，招惹朱元璋，堪称是最胆大包天的事情。放在被朱元璋赋予特权，可以大胆揭发言事的言官群体，虽说比其他大臣稍微安全，却也同样高危。比如御史王朴，只因跟朱元璋顶了几句嘴，就被问了死罪。被杀了还不算，编《大诰》时又把他的事迹编进去，硬给加了个诽谤罪。

就在这样的政治高压环境下，号称“快口御史”的韩宜可，却真心创造了大明言官界的最大业绩：不懂察言观色，不怕坐牢杀头，更不体察皇帝心思，不会作秀唱双簧，从来都是忠诚敢言，多次犯颜直谏，闹得朱元璋的愤怒指数不断突破历史新高。

最说明他业绩的，就是他的绰号“快口御史”。这是当年朱元璋亲口“封”的。但“快口”这个词，放在洪武年间绝不是好词，相反是骂人常用词，意思类似于香港枪战片里的“喷子”。不是被气到一定程度，朱元璋也说不出这词。

招韩宜可落下这个诨名的，就是著名的弹劾胡惟庸事件。当时还是朱元璋极度器重提拔胡惟庸的年月，有一天，胡惟庸与御史大夫陈宁以及中丞涂节，三人亲热围坐在朱元璋身边聊天，君臣其乐融融的景象正热闹，偏韩宜可蹿出来煞风景。当着朱元璋的面，大骂胡惟庸结党营私、专权误国。

这场景放在当时，说是骂胡惟庸，却十足是打朱元璋的脸。被打脸的朱元璋，当场气得不行，因此也有了那句名骂："快口御史，敢排陷大臣耶！"换成现代白话就是："这个'喷子'竟然敢骂我的大臣！"

被朱元璋骂过，后果自然严重。韩宜可当场被锦衣卫拿下。不过好在朱元璋还算冷静，事后又把他释放，打发到陕西按察司工作。这番顶牛朱元璋的英勇表现，也立刻令韩宜可名满天下。韩宜可平日出门办事，沿途都有人围观。韩宜可走到哪里都有人在其背后指指戳戳，说这就是那个被皇帝骂成"喷子"的家伙。

但在韩宜可勇敢的一生里，这番顶牛只是个光辉的开始。而后他的官场表现，却可用一句话来形容：生命不息，顶牛不止。

到了陕西没多久，韩宜可接着又干出一件顶牛的事。当时陕西正全省整顿，抓了一大批犯人，准备押送到朱元璋老家凤阳开荒种地。

这桩可以顺便拍朱元璋马屁的美事，程序走到韩宜可这里就被强硬叫停了。不但叫停，韩宜可还写信给朱元璋说：现在陕西官员办案，都是不分轻重，一抓一大片，应该重新审核，纠察其中有没有冤假错案。一切要以法律为准绳办案。

这一番猛喷，以很多野史笔记的说法，据说朱元璋气得在宫里大骂，说都把这人打发到陕西去了，还是封不上他那张嘴。但无论野史正史，这次猛喷的后果，却是记录一致：朱元璋欣然接受了韩宜可的意见，下令重新复查，果然查出了大批无辜者，洗清了好些冤屈，因此民心大安。

从来不吃亏的朱元璋，能够忍住韩宜可的猛喷，一个重要原因，就是他很了解这个人。韩宜可的老恩师、一向被朱元璋器重的钱宰，平日里小心谨慎唯唯诺诺，但唯一一次向朱元璋开口求情，却正是这次为了韩宜可。

而对这家伙的履历，朱元璋也清楚：韩宜可从来就是个既有个性又认真的人。当年元朝征召他，韩宜可因为愤恨元朝腐败得不可救药，因此坚决不去。韩宜可入明后先做山阴教谕，出名的治学认真，后来跑到楚王府做秘书，同样干得兢兢业业。

所以这个人的顶牛行为，说到底还是认真负责任，堪称大明言官界最急需的人才。所以本着人才难得的原则，朱元璋还是可以忍。

自那以后，韩宜可彻底来了精神，工作中更是火力全开，只要发现不法行为，犯到自己手里的，就是铁面无私地严办，犯不到自己手里的，更是火速上奏揭发。无论权位再高、官位再大，没他韩宜可不敢惹的人物。多年忠诚敢言，更迅速给韩宜可拉了一个仇人榜。和他有过节的人物，既有北方各路藩王，也有各色权贵重臣。韩宜可也因此更落了一个响亮的绰号——“天下第一敢言”。

这番英姿飒爽，不但当时名扬一时，更被后世诸多言官效仿。好些人说起韩宜可，都称赞他胆大包天，敢惹权贵、骂重臣。但如果仅这么说韩宜可，只能说后世那些言官同行们，不过学了个皮毛。

因为韩宜可最得朱元璋敬重的一条，不是他的敢骂，而是他的讲原则。

言官中的业界良心

说到这一条，不得不说说明朝言官的负面形象。这群明朝历史上最勇敢的官，却也恰恰是最招人讨厌的官。

因为这些人虽说敢骂人，但好些人却也只会骂人。以明末名将卢象升的愤懑呼号，言官发展到明末，已经严重眼高手低，自己什么都不会，别人干活却指手画脚。而且越是关键时刻，他们越是乱说话捣乱，好些还不惜夸张造谣，就为使自己出位。用民间老百姓话说，言官就是一群站着说话不腰疼的浑人，十分没原则。

这种没原则的歪风，在明朝好些时候，都刮得格外厉害。比如当年明孝宗朱祐樘上台后，很想励精图治，下诏鼓励言官提意见，还特意补充说明一句：你们讲话一定要摆事实讲证据，决不能没原则地乱说。没想到收上来的奏折，绝大多数都是不分青红皂白地乱说。逼得少年早熟的明孝宗，只得费劲权谋心思，借助“两京之狱案”恶整，才算暂时杀下这股歪风。

而放在诸如边关战争等国家大事上，不讲原则的言官们，不但常给前线添乱，还尽给后世添堵。万历年间抗倭援朝战争期间的丁应泰，明明离前线万里，却长期造谣乱骂。比如明朝碧蹄馆大战死了上万人，蔚山大战死了好几万人，抗倭援朝战争死了几十万人之类的谣言，全都是这位“直臣”亲口发明。不但当时流传一时，还被日本历史学家照单全收，近代还常被日本右翼军国主义分子拿来吹牛。此人堪称其中极品。

但如果看看身为祖师爷的韩宜可，就会清楚地知道：朱元璋苦心设立的言官制度，并非为了培养那些没原则的极品。他想要的，正是韩宜可这样的良臣。

因为韩宜可人生中一个重要信条，就是对事不对人。无论骂得多厉害，却既不为私人恩怨，更不为个人荣耀升迁，始终一心为国，铁骨铮铮。

而且比起明朝言官们火爆刚烈的形象来，大胆的韩宜可生活中却是位十分温和淡定的人，就算下了牢狱，都是该吃就吃、该睡就睡，听说要用刑，也像没事人似的，把看守都看傻了。每次面对朱元璋，不管这位铁腕帝王如何发飙，他都丝毫不慌不忙，慢条斯理地说事。

特别令后世诸多言官自愧不如的，就是韩宜可每次骂人时所写的奏折，不但文风厚重，而且言之有据。每篇都条理清晰，证据确凿，都是摆事实讲道理，从不搞人身攻击。有时候一些重臣被韩宜可批评了，嚷嚷着要理论，朱元璋二话不说，直接让人把奏折送了去，要这些苦主驳斥，接着这帮人就清一色哑火。因此，韩宜可“以锄奸显忠为己任”，战斗力常年生猛。

但最见证韩宜可品格的，还是令他名扬天下的胡惟庸。早年韩宜可不管不顾，大骂风头正盛的胡惟庸，也惨被下了牢狱，后又被胡惟庸使各种阴招穿小鞋，恶治了好些次，却始终没低头。特别是他那被下了死牢上了刑场，又幸亏被朱元璋捞出来的奇迹，以很多明朝学者的观点，就是胡惟庸搞的鬼。

可仇结得如此深，后来胡惟庸垮台倒霉，先前被恶治的大臣们，纷纷有冤报冤、有仇报仇，参与到揭批胡惟庸的热潮中来。却偏偏韩宜可又不识时务，再次上书顶牛朱元璋，竭力反对株连无辜，而且请求严格复查每一个获罪案犯。在韩宜可的这番努力下，终于救回来一些无辜之人。

而且就是在这场血雨腥风中，他又干出了一件既十分顶牛朱元璋，却又令朱元璋深受感动的事情。胡惟庸案后，一家获罪官员的妻子十分美貌，朱元璋论功行赏，就把这美妇赏给了韩宜可。谁知韩宜可对这皇恩浩荡，立刻顶牛精神发作，不但推辞不受，而且还振振有词，把朱元璋一顿教育：开明的君王，处置犯人都不会祸及妻儿，更何况糟糠之妻不下堂，别人家的老婆再漂亮，我也坚决不能要。

这番不识时务的顶牛，反而深深地打动了朱元璋。朱元璋赞叹：韩宜可不但能指出我的过错，更不被美色所诱惑，真是古今难得的清流良臣啊。

而这次顶牛，也获得了一个美满的后果：这种把别人家老婆随便送人的判决，立刻被及时叫停。那些犯官家属们，也得到了抚恤和安置。

但这次韩宜可以德报怨胡惟庸的行为，立刻为自己招来了谣言。有一种谣言说得有鼻子有眼：韩宜可这人十分虚伪，平时伪装简朴，其实家里有的是钱，成天山珍海味，奢侈无比。

这话传到朱元璋耳朵里去，朱元璋立刻也就怒了。要放在明朝中后期的帝王身上，碰上这种事，更是由不得不信。明朝中期以后，言官们一个通用品质，就是严于律人宽以待己，自己在家吃喝嫖赌，皇帝随便出格一点，就喋喋不休管个不停。他们被人戳破了画皮，也十分嘴硬，常说自己就算品德不好，也有权利监督他人。

放在明初，以朱元璋拿着放大镜看官员的性子，多少也将信将疑，更打算抓个道貌岸然的腐败典型。因此，招呼不打，朱元璋就突然杀到韩宜可家，却出乎意料地看到了令他终生难忘的一幕：韩家屋子里的桌椅板凳，用的全是元朝年间的旧货。全家老小穿的衣服是补丁打补丁，吃的更是粗米蔬菜。所谓山珍海味、骄奢淫逸，简直子虚乌有。

穷到如此，朱元璋也严重怀疑，不禁说了句：你是不是知道我来，就把钱藏起来了？不想韩宜可不慌不忙，又顶了朱元璋一次：大摇大摆地把家里所有的箱子都打开，翻箱倒柜，竟都见不到几个钱。然后韩宜可轻轻松松地告诉朱元璋：我从来不攒钱，也没钱可攒。

这是韩宜可人生当中，最令朱元璋感慨的一次硬顶。以至于朱元璋再次赞叹：全国的官员，都应该像韩宜可一样。说罢朱元璋下令把这件事写进《邸报》，由通政司发布全国，要求各级官员都要好好学习。

至此，入仕十四年的韩宜可，以其坚定的原则和刚正的品格，成功书写了明朝言官面对朱元璋时最辉煌的奇迹：越顶牛，越感动。

虽然很有原则，但即使在不大敢说话的洪武时代，韩宜可招来的攻击，依然非常多。比如以治理西北著称的名臣费震，就曾批评韩宜可骂人骂得痛快，就是不知道别人干活有多难。

费震这个指责，用来形容明朝中后期的好些言官是相当恰当的。明朝中后期言官的一个毛病就是“看人挑担不累，自己挑担就废”。好些以善骂人著称的言官，自己亲自去干事，更常干得一塌糊涂。比如萨尔浒之战中被后金痛打的杨镐、败掉沈阳的袁应泰，都是这类眼高手低的角色。

但用来指责韩宜可，却是十分错误的。在整个明代的言官里，韩宜可都堪称难得的全能人才：既能骂，也能干。具体行政做事，韩宜可更是独当一面的好手。

韩宜可首先被公认高水平的，就是文采。除了骂人的文章写得好，外交文章更写得好。朱元璋的好些国书和出征檄文，就是由韩宜可亲自起草，写得气势澎湃，字里行间全是大国风采。后来郑和下西洋前，还特意命人找出来，行前认真抄录学习。

写了不少好文章后，韩宜可终于在洪武十四年获得了一次重要的工作调动：就任山西右布政使。在还没有巡抚制度的洪武年间，这就是山西省的二号人物。

在这个新岗位上，韩宜可任职时间不长，工作却十分卖力认真。以《献征录》里的说法，韩宜可到任之后不但大力打击官场潜规则，严惩了一批腐败分子，更大力抚恤百姓，从各类公务开支中省出费用，用以充实预备仓。当时山西专门收容孤寡的养济院数量，以及储备救济粮的预备仓，建设成绩都名列前茅。所谓“百司肃然，上下属目，翼见真儒之用”，正是韩宜可的出色业绩。

但出色了没一年的韩宜可，还是遭到了人生最沉重一击，在毫无任何征兆的情况下，突然获罪被贬，与同僚山西参议王景一道，被撤职发配到云南临安建水县充军。

至于这场风波的原因，在正史记录中绝口不提。地方志的说法则是五花八门。比较一致的说法，是《献征录》和《两浙名贤录》里的说法，即由于参议王景在征税工作中犯了错要被重办，韩宜可认为处罚过重，再次上书顶牛。没想到就这一件小事，反而给顶牛顶大了：非但没救了王景，自己也一道被发配了。

这件事充分说明，在体察圣意方面，韩宜可毫无进步。朱元璋一辈子十分恨的，就是小吏贪污。但凡碰到类似事，都是一抓一大片，逮着尾巴就顺藤摸瓜往大了办。比起当初骂胡惟庸来，这事才是真正逆了龙鳞。韩宜可的倒霉，也就顺理成章了。

一直刚正不阿、敢斗权贵、敢和皇帝顶牛、闯过多次大风大浪的韩宜可，却在这件小事上，栽了一个大跟斗。

这次跟斗栽得有多狠？韩宜可和王景甚至栽出了大明历史记录：头两位被贬官到云南的明朝士大夫。当时的云南，是大明刚刚收复的国土，以少数民族为主，生活穷困且民风凶悍，在世人眼里，可谓穷山恶水的绝路。发配到这地方，人生前途基本全废。

而对于这场凄风苦雨般的打击，与王景结伴走上充军路的韩宜可，心态却一直非常好。韩宜可一路上干得最多的，就是给王景朗诵自己最爱的名篇——范仲淹《岳阳楼记》，以“不以物喜，不以己悲”的心态，与王景共勉。

行至云南，这二位更做出了一件“雷事”，郑重地挥毫泼墨，以满腔的情怀，为自己提前写下一篇墓志铭。两篇墓志铭的风格文采各有不同，主题却一样壮烈澎湃：即使人生已经毫无希望，即使仕途已经终止，即使命运注定让自己终老于此地，那么就让这墓志铭做一个见证。我们依然会全力以赴地实现理想，任何绝境之下，都不会虚度光阴。

“气不萎达，生知命寿，乃夷我铭，其藏阙期。”这是韩宜可在自己墓志铭中的豪言，也是他人生最后一段年华的见证。

而这心态豁然开朗的二位，在这贫穷落后的云南临安卫，以之后十五年的时间，完成了另一件光耀千秋的大业：推广文教。自洪武十六年，临安卫设立府学后，韩宜可与王景，就成为府学第一代老师。就如早年在山阴担任教谕一样，昔日的铁骨直臣韩宜可，再次回复到模范教师的角色上。

在这新岗位上，韩宜可的业绩也同样优良。最令当地官民动容的是，他公正地对待每一个学生，既不搞民族歧视，更不以身份出身论人。而且哪怕是学生家长过意不去，送来各种礼品，他也分文不收，全数退回。教学工作中，他更是一心一意，哪怕当地文化落后，学生悟性有限，他也极有耐心，凡是学生问问题，都是知无不言。即使有时候学生文化水平低，听不明白，他就不厌其烦反复讲。以当地地方志的记录说，有一次下课，他被学生们包围着问到深夜，说话说得满嘴都生疮。韩宜可依然非常欣慰地说："看着你们这样好学，做老师的真是高兴啊。"

于是，勤勤恳恳不计报酬教书的犯人韩宜可，不知不觉间就成了洪武年间感动云南的人物。就连明朝开国功臣、镇守云南的西平侯沐英，对韩宜可也十分敬重。沐英经常抽空去探望，每次不但恭恭敬敬地请教学问，举手投足更向韩宜可行弟子礼。

更被韩宜可打动的却是当地的官民百姓。这个素来民风凶悍的地方，起先刚设府学的时候，老百姓集体抵制，哭着喊着不来。经过韩宜可与王景二人多年努力，不但当地少数民族家庭都纷纷读书识字，好多人更哭着喊着来拜师。当地的民风更从此大好，变成知书达理的淳朴乐土，连犯罪率都连年创新低。

同样高速发展的，更有当地的文明水平，明朝一代，临安府共涌现出五十二位进士。这个曾经"刀耕火种，刻木为符"的落后地区，后来成为明代"科第人才盛于诸郡"的文化胜地，韩宜可更是奠基人。

这事的意义，往小了说，是发展了边境地区的教育事业；往大了说，是为维护大明的统一做出了卓越贡献。

而且更值得一提的是，即使地处在这样的边陲绝地上，韩宜可也没忘了老本行：惹朱元璋生气。著名的蓝玉大案爆发后，远在云南教书的韩宜可，听闻了朝中的血雨腥风后，竟不顾自身安危，再次上书言事，认为朝廷的诛杀太过酷烈。这份几经辗转的上书，再次把朱元璋气得不行。不过在几位文臣的劝说下，消了气的朱元璋，还是摆摆手作罢了。

而在朱元璋过世后，登基后的建文帝朱允炆，经过礼部侍郎陈性善的举荐，终于重新启用韩宜可。先下诏封他为云南参政，接旨后的韩宜可还没动身，第二道圣旨又紧跟着来了：参政别干了，赶紧去南京。韩宜可已经是都察院左副都御史了。

但经过十五年的流放生涯，韩宜可曾经旺盛的生命，此时已到了尽头。他接旨后兴奋不已，一路紧赶慢赶。以云南地方志的说法，他临行前对友人说，这次出山，一定要把未曾给洪武皇帝朱元璋讲完的话，全给新皇帝讲出来。从整顿吏治到选拔人才，再到发展文教，他样样都有兴奋到激动人心的勾画。

然而就在他的车架行至杭州时，他的身体却再也支撑不住了，像一只燃烧殆尽的火把一样，沉默地熄灭了。那一夜的情景，也成为有关他最后的传说：天空中有一颗灿烂的流星滑落，驿站里所有的马匹都在悲哀地嘶鸣。

以《明史》的说法，是“宜可当之”。这奇异的景象，正是有关他人生最后的荣耀与传说。

在韩宜可过世八年后，即永乐四年，云南临安府学子张文礼考取进士，成为云南历史上第一位登第学子。对这位填补历史空白的年轻人，永乐皇帝朱棣十分感兴趣，还特意问他师承何处。当张进士郑重回答，自己的恩师正是韩宜可时，朱棣立刻惊呼："是当年先皇称赞过的'快口御史'吗？"而后明王朝拨出专款，在云南与浙江两省为韩宜可立庙纪念。这位洪武年间铁骨铮铮的直臣，从此成为大明三百年间言官集体仰慕的传说。

在朝鲜成为传说的大明男神

历代英雄众多，但能成为超级英雄，通常有几条硬标准：长得有特色，本事足够强，花边故事足够多。无论是中国民间评书里的杨家将，还是外国大片电影里拯救世界的各种超人，基本都是这类型。

明朝十五世纪末的一位人物，也是百分百的这类型。

以他家乡的传说，其出生的时候电闪雷鸣，一声炸雷，为大明劈出来这位奇人。

这人以《明史》里的话说，就是“相貌奇伟”，武功更厉害，是能拉开三百斤强弓的牛人。这人还是个根正苗红的文官出身：不但有进士功名，更是十五世纪的文化大师。几乎后世的文学史研究者更一致认为：他的诗词文章，对于整个明代文学的转型，都有着里程碑意义。

而要论起一生功业，他更是显耀到书写历史：北方嚣张的鞑靼骑兵，曾被他反复吊打；他去世的时候，亲自为他抬棺护送回乡的官员，是后来一代圣人王阳明。而王阳明那多谋尽妖的军事才能，用其自己的话说，就是被该人在天之灵托梦，耳提面命教育出来的。

但这位人生几乎浓缩了所有劲爆元素的男神，放在今天却更有奇葩一景：他家乡淇县相邻的浚县，当地的民间戏台上，但凡有大坏蛋角色，几乎都是他。一代代当地文艺工作者前仆后继编着戏文骂他。以当地老人的说法：他是大坏蛋这。一传统观念，已经在当地世代相传五百年。

这位奇特人物，正是明朝成化至弘治年间的大明第一战神：王越。

“草根男神”的奋斗

明朝的政坛大佬们，苦出身的极多。但王越在其中，却也称得上极“草根”的一个。

王越字世昌，宣德元年出生在河南俊县钜桥镇冈坡村一户农民家庭。像大多数穷人家出来的读书郎一样，十分辛苦又十分忙。

而王越在其中，却更有特不一样的一条。照着明朝笔记作家的说法，就是天赐福贵。

这条在王越的家乡，一直特别有名：明明是个贫农子弟，却出落得相貌俊朗。天赋更好，而且哪怕家里穷，也要想方设法找书读。王越刻苦聪明的表现，很快在当地远扬。

王越的优良表现，也改变了读书的条件：在县学里得到重点培养，对浚县家乡的这份恩情，终其一生，他都铭记于心，但凡有绵薄之力，都会全意回报。

即使与那些后来名扬天下的神童相比，王越也有一个特殊之处：理想。

以王越自己的话说，还是个穷苦农家子弟的时候，最常读的就是靖康之耻的悲惨岁月。后来他名满天下，还与部下说起，自己这辈子最怀念的，就是农家子弟时，胸膛里的那一股热血。

苦练的王越，也陆续收到好回报。如果说科举道路如惨烈选秀，他每次都精彩地一次过：乡试第三，会试第三十三。按照《庆余录》里的说法，他的考卷写得激情四射、棱角分明。据说几个考官看过，都清一色地冒冷汗。

最光芒四射的表现，在景泰二年的殿试上演了：王越走笔如飞刚写完，谁知一阵狂风刮过，竟把王越的试卷刮得无影无踪。但王越却十分平静，重新火速答完。就这么个紧急应对，王越竟也考取了二甲进士。

更奇特的情景，是《罪惟录》里的记录：几个月后朝鲜使团来访，说其国家飞过来一张试卷，是一个叫王越的考生的。国王说这就是来自中国的文曲星，现在已经给供起来了……

在朝廷里，众人看到的是王越一种极有前途的品质：这个二十五岁中榜的年轻人，竟有这样深沉冷静的心智。虽然成绩只是二甲，却必定极有前途。

带着这则奇闻和无数好评，王越进入了官场，先在陕西和浙江做了监察御史，开始进化成“杀神”。王越风风火火整顿贪腐，弹劾了一批腐败分子。

这段冲动是魔鬼的日子，对王越来说，印象十分深刻。饱受攻击的王越，在二十七岁那年，由于父亲的去世而丁忧回家。之后的三年丁忧生活里，他有很多诗，大体意思都是官场水太深，实在干不动，还是在家好。

而抛弃这些失落中的牢骚，王越在这期间写得最多的，还是边塞诗。王越始终不曾丢的，还是胸中那一腔热血。

不但不忘，王越一直在用各种手段，去实现其梦想。

青云直上

等到天顺元年，王越丁忧期满，重新为官的时候，水平已经完全升级了。这个昔日愤怒的青年，处理人际关系十分成功。无论是狡诈铁腕的都察院左都御史寇深，还是潜力股礼部侍郎李贤，都和他相处得极好。尤其是后者，更是王越的长期铁杆。

在铁杆的关照下，王越一年连升三级，当了山东按察司。到天顺七年春，河套草原部族持续入侵大同，大同损失惨重，好脾气的明英宗也忍够了。大同巡抚必须换人。

关键时刻，王越的老朋友李贤终于挺身而出，说出了那句从此改变王越一生命运的话："越可为之。"

然后就是明英宗亲自把关，王越举手投足英姿飒爽，按照许多笔记的说法，因为太过光彩照人，以至于退下的时候，明英宗还盯着他的背影痴痴地看了半天。明朝大臣尹直更暗地里吐槽：朝廷用人，多取仪表。

皇帝满意，盟友力挺，王越正式接任大同巡抚。到任之后他更证明：他不止有俊朗的外表，更有实力。王越到任后大刀阔斧，新的骑兵部队组建起来。先前被鞑靼骑兵虐得不成样子的大同，这下又成了铁壁防线。

三年以后，即成化三年，王越的好友李贤已经是内阁首辅，再次关照了王越。王越受命赞理宁侯朱永，发动对河套鞑靼部落的征讨。这是奋斗了多年的王越，第一次来到距离梦想最近的地方：建功沙场。

王越担当了这个重任，成了这支明朝大军的参谋长。但等着他真正上任，才知道这是一个多大的坑。

当时朝野的大佬们都很难想象明朝的军队已经退化成了什么样子。而更大的挑战，却是王越搭档的领导。

那年头的大明，军事主官大多是勋贵子弟。这帮人祖上是狮子，这一代基本是肥羊。王越摊上的朱永，更是肥羊中的懒羊羊。等着拉上战场，吃了几个小败仗，就干脆甩手掌柜，让王越想办法。

对这种平时不干事，遇事躲得快的“渣男行为”。王越的态度，以他自己回忆录里的意思讲，是特别兴奋。立刻二话不说，接管了所有的工作。

而他干的第一件事，就是继续糊弄：妙笔生花的汇报战事，败得再惨，也能挖出可歌可泣的故事，把朝野上的爱国人士感动一把。

但主帅朱永的“犯二”水平，也在继续升级：一次带兵出巡，刚好和鞑靼兵遭遇，吓得朱永哆哆嗦嗦在马上不敢动。幸亏王越及时出手，先射杀了一个鞑靼兵，然后命令部队排成战斗阵型和敌人对峙，就这样哆哆嗦嗦，竟把鞑靼兵吓退了。

经过这次严峻的考验，朱永彻底丧胆了。王越就轻轻松松地接管了所有的大权。这个在朱永眼里唯恐避之不及的烂摊子，就成了王越大展拳脚的平台。

随后的王越，也做出了正确的抉择：大军分散部署，大量修筑堡垒，囤积火器物资。鞑靼兵碰了几次壁后，王越再集结兵力借机反击，先后在镇羌寨等地打了几个胜仗，也让朝廷很高兴。

但饶是王越再会糊弄，最后也糊弄不下去了。眼看朝廷猛花钱却战果惨淡，立刻雪片般的奏折飞来，把明军从态度到战斗力，轮番骂了个遍。一直糊弄的王越，也再次不幸中靶，这次是结结实实地背锅。

但王越一直在默默地干事：精心选拔精壮士兵，重新组建精锐的骑兵军团。这些得罪人的事，靠着他良好的糊弄与背锅能力，明军松散的战斗力被王越重新整合成一只强有力的拳头。

成化九年九月，打出去的时候到了！

这年九月，王越捕捉到了一条价值千金的线报：鞑靼可汗满都鲁正集结兵力准备对甘肃发起侵扰，而他的老窝红盐池却正是兵力空虚。在反复判定情报无误后，王越果断拍板：打！

参与这次行动的，是王越亲自率领的五千精锐。这是六年窝囊中，王越苦心练成的一批好兵。大军高速行进八百里，还没摸到敌人，就先遇到了大风暴。深夜草原上突然狂风大作，刮得人都看不见东西。继续前进？还是后退？

这时候，一个军中老兵站出来说：这是上天在帮助我们，乘着大风攻击，必然可以大捷。

听到这话的王越，做出了一个出人意料的举动。在猎猎大风中，他果断下马，郑重地向这个老兵行礼，然后公开宣布：从现在起，你就是千户。

士气爆满的明军，就这样强硬地穿越了暴烈的狂风，风卷残云一般，杀入了毫无防备的红盐池。

猝不及防的鞑靼军顿时崩溃。这个被鞑靼军多次用来南侵的大本营，这次被王越彻底捣毁。而后的情景，就是史书里常说的一幕：满都鲁的大军，在悲情的嚎啕后，渡河撤出了河套平原。

然而大胜换来的，却是铺天盖地的口水。被打了脸的朝中愤青们，对王越的攻击更是变本加厉。这就是“屁股决定脑袋”了。当时王越的老友李贤过世，高层文官洗牌，有些人也就想着挪地方了。王越的反应也出奇快，虽然明宪宗嘉奖他，还给了他一个前所未有的“三边总制”的官职，但其中的味道，他很快品出来，立刻上奏请求回京。果然明宪宗很高兴，不但立刻收回他兵权，还让他回都察院当都御史了。

虽说这待遇也不坏，可王越的心里，到底还是憋屈：出来这几年，朝中都换人了。内阁和兵部，全都是生人。想再回去打仗，看来是格外难。事情的严重性，王越自己也知道，临走前交接工作，和部将们依依惜别，说再见都不知道啥时候，弄得那些大大咧咧的汉子，都哭声一片。

而他原先部下的一个小兵，却给他牵来另一条线：不难，你找他就行。

这条线，便是电影《龙门飞甲》中的雨化田公公的原型：

明朝权阉汪直。

草原战神

一个文武双全的男神，一个蝇营狗苟的权阉，王越和汪直，本来没啥交集，又是怎么凑到一块去的？

直接起作用的，是王越昔日麾下的小兵，后来调到京城，在汪直身边任亲信的韦英。韦英主动两边搭桥，帮着建立了联系。

这位汪直，当时是执掌西厂的特务头子、明宪宗宠爱的心腹，坑害起大臣来更心狠手辣，为人出名的飞扬跋扈。汪直年纪轻轻，就拉了一堆仇恨。

而对王越这位男神，汪直却仰慕已久。汪直知道王越这个文臣手段厉害，擅长练兵，驾驭那些骄兵悍将，更是手段轻松有效，多么野蛮凶悍的人物，都能叫他治得服服帖帖。

而最令汪直动心的，却是王越麾下战士们那打了鸡血一样的战斗力。相关的精彩战例，早被韦英绘声绘色地讲述过很多遍。汪直更惊讶地发现，这位文臣中的奇葩，竟和自己有相同的理想：建功沙场。

而等到亲切会面，这两位更迅速来电：王越早把这家伙研究个透，知道这个传说中爱钱的大贪，骨子里最爱的是面子。于是王越见面就彬彬有礼，甚至还不顾尊严，行起了跪拜礼。这一下就把汪直感动得不行：好好干，兄弟挺你。

这关系一牢靠，王越官位刷刷地涨，到成化十三年，竟成了奇葩景象：既是太子太保，还担任兵部尚书，更挂着都察院左都御史的名号，顺手还提督御林军，风光无限。

同样有建功沙场愿望的汪直，也和王越密切配合，由王越提督军务，汪直监军。哥俩联手提兵北上，成为鞑靼人不可逾越的屏障。

而王越人生中最有深远意义的一战，更在成化十六年上演了。该年鞑靼骑兵渡过黄河，意图侵占河套，王越率领两万精锐士兵奋然迎战。而在王越兵临大同的时候，却突然获得意外情报：鞑靼可汗的老窝，正在威宁河子，也就是今天的绥远兴和县。

一如当年袭击红盐池一样，王越再次做出了果断的抉择，全军改道，抄鞑靼可汗的老窝！

这决定好做，路却更难走。此时正是风雪漫天的严冬，暴烈的风雪席卷整个草原，这是比当年奔袭红盐池更恶劣的战斗条件。而且敌人兵力如何、装备如何，全都毫无准确信息。这是一次百分百的冒险。

但和王越一样，这支早被王越苦心摔打出来的明军，没有半点犹豫。这支军队的将领们，平素都是些桀骜不驯的刺头，却早在常年相处中，对这位统帅百分百折服。这些勇敢的士兵们，更跟随王越经历过多少次浴血厮杀，从没有一次输过。他们早已坚定地相信，追随这个人的身影，也许会失去生命，却永远不会失去值得用生命去换取的东西：军人的荣誉与胜利。

以坚定的忍耐和一往无前的勇气，洪武永乐时代大明铁骑的铁血精神，在王越的麾下彻底苏醒。穿过苦寒的风雪中，明军悄无声息地速度、顺利完成了对鞑靼军的合围，惨烈的总攻打响了，而就连王越都想不到，他这次面对的，是一个怎样传奇的对手。

这时盘踞威宁海子的，正是鞑靼可汗巴图蒙克夫妇，虽说这位“可汗”此时只有六岁，但他二十六岁的老婆，却是今天蒙古国依然传颂不已的女神级英雄：满都海。此女子武艺高强，用兵灵活，一度在草原上战无不胜，相关的美丽传说，更如天上繁星般灿烂。

而她与王越之间，更是极有渊源：红盐池大战中被王越痛打的满都鲁，正是她的前夫。她这次改了嫁，却再次触到这对头。

战斗打响后，精锐的鞑靼骑兵虽然反应迅速，但王越对骑兵的指挥早已到了得心应手的地步。王越的军队迅速将猝不及防的鞑靼军冲得七零八落。以一些台湾学者考证，明军在此战中，甚至还动用了一种由战马驮运，可以快速拆装的火器战车，战斗中火力轰鸣，彻底将鞑靼军打垮。这种说法若成真，那比起欧洲最早的古斯塔夫骑炮兵战术，王越也足足领先了二百年。

这说法有待商榷，但鞑靼军陷入火海，却是真实的。

败局已定的时候，面对明军汹涌的总攻，满都海，这位草原传奇女子，演绎出她生命中最后一段传奇：她命令部下亲兵，火速将六岁的“丈夫”送走。自己则带领残余部队，发起了最后一次悲壮的冲击，并在明军的攻击下毙命。

威宁海子大战就这样以王越的完胜而落幕。在清朝人编修的《明史》中，对明军这次的战果，做了最大程度的缩水。就连与明军交战的鞑靼部落，也不知所云地换成了亦思马因太师。还是蒙古国的史料给正了名：被王越痛击的，正是成吉思汗的直系传人、黄金家族可汗巴图蒙克及其妻子满都海。

而明朝当时的反应，更是十分高兴。王越个人的荣耀也到了人生顶点：受封威宁伯。这是明朝自朱元璋时代后，仅有的三次文臣封爵的事件之一。当然风光之中，也不是没有遗憾，由于巴图蒙克的逃脱，明朝最接近活捉蒙古可汗的机会就这样不幸地错失。

但这一战对于明朝北部边防，意义却相当重大：本来在巴图蒙克夫妇的兼并下，蒙古草原眼看就要结束四分五裂的局面。一个瓦剌也先之后再次统一的强大草原政权，就要崛起于大明北边，却被王越一箭穿心，再度打散了。

但战功卓著的王越，由于和汪直的特殊关系，却也从此名声尽毁。士大夫中间非议他的，从来就不少。甚至还出了雷人的一幕：明宪宗在宫里看戏的时候，一个叫阿丑的戏子，也借着演出的机会吐槽“皇上手里有两支钺，一支叫王越，一支叫陈钺”。

这里说下陈钺，他确实是汪直的十足走狗，替汪直干了很多坏事。但王越却完全不同，他结好汪直，只是为了能得到支持，放开手脚保家卫国。汪公公干过的坏事，王越真从没掺和。非但没掺和，还见缝插针做好事。汪直要坑死直臣强珍，王越知道后二话不说，命令亲信部下许进去劫人，硬是在流放路上把人给抢回来。事后汪直出于共同利益，咬牙捏着鼻子认了。

但清流们却不管这些，威宁海子大捷后第三年，汪直由于意外犯错，失去了明宪宗的宠信，被打发到南京养老。王越也惨遭株连，随即被免去一切职务，发配到湖北安陆被监视居住。

其实对王越的才能，当时的明宪宗是认账的。以明宪宗自己的评价，王越论军事才能，不在卫青、霍去病之下，论文学才能，更不在范仲淹、韩琦之下，堪称文武双全的合体牛人。

可这么能耐大的人，若是和失宠宦官有勾结做坏事，风险也才叫大。能落个被监视居住的下场，也算是万幸了。

王越本人却依旧十分痛苦。据说刚接到圣旨的时候，还想着自杀明志，还是他一手提拔过的大臣屠庸劝他说要真这么死了，可就铁案难翻了。王越这才咬牙继续活。此后的很多年里，被软禁的王越只在反反复复干一件事：写信喊冤。

就在王越不停喊冤的时候，北方的对手再次质变：在威宁海子逃脱的小可汗巴图蒙克，迅速脱胎换骨，成为草原上又一位横扫四方的青年统帅。他不但延续了蒙古黄金家族可汗的法统，继瓦剌也先之后再度统一草原，被蒙古称为“达延可汗”。

而到了明宪宗过世，明孝宗继位的弘治年间，巴图蒙克的破坏力更是强悍到空前：先打死了甘肃都督许钦，而后大举入侵大同，一路联营二十里，沿途明军竟远远躲避。

当然在巴图蒙克心中，最盼望打败的，还是曾与他有杀妻死仇的王越。

自从明孝宗朱祐樘登基后，巴图蒙克就没休止地闹。为教训这个凶悍的家伙，明孝宗全国海选，北方边将轮流上，谁知却是上去一个，就被胖揍一个。长城沿线的战火，常年连绵不断。

就在明孝宗急得没招的时候，当年由王越慧眼识英提拔，此时已官至吏部尚书的屠庸，总算说了句良心话：用王越吧。

作为开创“弘治中兴”的一代明君，明孝宗也是个明白人，立刻果断同意。弘治十年十月，王越终于官复原职，回任三边总制，成为执掌延绥、宁夏、甘肃三省军政的封疆大吏。

但这次刚上任，就招来骂声一片。本来朝廷在这事上，还弄了次全国选拔，一共推荐了四个人。但屠庸一句话，明孝宗立刻变卦，先前的选拔全推翻，用了个从没进候选名单的王越。如此暗箱操作，自然惹得集体不服。于是到任后的王越，啥事还没干，就被好些言官追着骂。

而在任没一个月，老对头巴图蒙克就杀来了。二十四岁的他，等这一战，已经足足十八年了。而王越此时已是七十二岁高龄。

这次鞑靼人带来的是规模空前的侵扰，不再是过往的散兵游勇，而是纪律性极强、战术十分灵活的骑兵冲锋，比成化年间的战斗力，完全提高了一个等级。

这次的巴图蒙克，更是咬牙切齿，像一个擂台上红着眼睛要报仇的愣头青一样，拳脚并用地疯打。蒙古军兵分多路，在西北各省来回出没，多地遭遇烧杀，边关一片战火。

但王越的反应却是十分窝囊，管你怎么打，我就是不动，只是下令紧锁城关，收缩防御，擅自出战就要论罪。

这窝囊态度，更叫群臣找到了理由，朝堂上口水乱飞，天天都在骂。连举荐王越的屠庸，甚至都悲情陪骂，回家的路上，都有言官追着一路狂骂。

正当大臣们热情高涨，骂到七月末的时候，一个炸雷般的消息，再次震撼了京城：贺兰山大捷!

作为一个深谋远虑的老军事家，王越当然知道巴图蒙克要干什么。神出鬼没地袭扰是虚招，把自己引出来打才是目的。叫对手牵着鼻子走，那就不是王越了。一拳捣中对手的鼻子，才是王越的真水平。

于是经过缜密的侦察和判断，在闹哄哄的乱象中，王越果断捕捉到了巴图蒙克的要害：贺兰山。七月十五日，明军全体出动，这是一次漂亮的四路围袭战，前三路先以不同的方向迷惑巴图蒙克，然后在路途中央突然转向，完成对巴图蒙克的合围，而第四路则由王越亲自带着，直接进行攻坚。七十二岁高龄的王越，依然如壮年时一样，最难打的仗，冲在最前面。

这场战斗的效果，也堪称摧枯拉朽，牛气冲天的巴图蒙克，再次遭受狠狠一击，只带着亲兵仓皇逃窜。

这场战斗漂亮的作战过程和轰动效应，或许只有以岳飞《满江红》的一句词可以形容：“驾长车，踏破贺兰山缺。”

这场经典的胜利，成为一生横扫四方的巴图蒙克，少有的一次悲惨战败。缔造辉煌经济文明成就的弘治中兴，也正是王越这一战打下保障。这一战的政治军事意义，都是无比深远。

但唯独没有改变的，却是王越的处境。捷报刚传来，打了一群大臣们的脸，不久之后，宫内宦官李广病故，又牵出了他和王越勾结的猛料。这下群臣们来了精神，继续连篇累牍大骂。

可远在边关的王越却已在之前的那一场战斗中耗尽了全部的精力，连辩白的力气也不再有了。弘治十一年十二月一日，他病故于甘肃张掖任上，享年七十三岁。

对于他的过世，明王朝表达了极大的痛惜，明孝宗专门为他辍朝一日。这是明朝三百年间，文臣难得会获得的荣宠。后来的大圣人王阳明，亲自主持了他的葬礼，其子孙也得以荫补官职。该给的荣誉，算是都给了。

而王越辉煌的一生，也成为明代的传奇。以《明史》里的话说，王越活着的时候，大家都热衷骂他的缺点毛病，直到王越过世之后，继任的边将，水平比他差远了，大家这才越发明白：曾经有一个多么优秀的王越，活跃在大明的舞台上。

而除了影响深远的文学成就外，王越的各种光辉事迹，也在明代文人的笔下广为记录。嘉靖年间的畅销小说《伟人传》，正是以王越为主人公。甚至晚明还有更神话的说法，说王越其实没死，而是化身为神。大才子袁中道就曾言之凿凿，说他做梦都见过王神仙。明末清初的国学大家钱谦益，对王越的诗文更爱不释手。甚至清军破城，这家伙摆姿态说要殉难时，还不忘了吟诵王越的诗歌打气。当然钱谦益最后殉难没胆，转眼就投了降，真是玷污了王越的英名。

在王越过世后的一百五十多年里，整个大明后半段，他的丰功伟绩，都是无数后人十分迷恋的传说。

而到了清代，虽然编《明史》的时候，也给王越立了传，但清代的学者对他却是各种“高级黑”，总是抓住他勾结汪直的事不放，至于他的累累战功，不是故意缩水，就是选择性地失明。这位明代的传奇人物，也就越发名声寂寂。

而更意想不到的，却是王越生前做过的一件小事：王越官居尚书的时候，家乡浚县老乡为一桩和邻县淇县的土地官司，求到了王越头上。对这件事关家乡发展的大事，重感情的王越自然鼎立相帮，硬是帮着家乡拿到了这块地。

没想到这下可惹了大祸：恨死了王越的淇县人民，充分发挥文艺特长，世代编戏骂他。各种河南豫剧里的经典桥段，终于把他丑化成了坏蛋形象。

明朝最牛巡抚周忱的浮沉

1424—1435年，这个时间段，在大明王朝三个世纪的浩瀚长河里，有一个璀璨无比的称号——仁宣盛世。

这是永乐皇帝朱棣的长子长孙——明仁宗朱高炽和明宣宗朱瞻基相继在位的时期：对外罢兵休战，宽抚四方；对内轻徭薄赋，废止酷刑，平反冤狱，与民休息。白驹过隙的十一年，却是堪与“文景之治”“贞观之治”“开元之治”相媲美的黄金时代，说盛世，毫不为过。

是盛世，自然群英荟萃：敢冒“不孝”之罪名为“靖难旧臣”平反的明仁宗朱高炽，少年登基却励精图治的明宣宗朱瞻基，历经三朝沉浮，匡扶朝政的“三杨内阁”——杨士奇、杨荣、杨浦，为官姑苏造福数十年，留下千古美谈的知府况钟……是盛世，也自然风起云涌：封贡蒙古部落，撤军安南，朱高煦叛乱，平定西南，改土归流……帝王将相，厚黑权谋，串联起一个繁荣昌盛、国泰民安的大明江山。流光溢彩的面孔，波澜壮阔的往事。

有这样一个人，少年成名，却大器晚成，虽做得一方封疆大吏，却比不得杨士奇等人的位高权重，身为清官廉吏，虽也造福一方，却不似况钟等人那般“出风头”，成不了后世“清官戏”里的主角。群星璀璨的仁宣盛世图景中，他貌似只是跑龙套的角色。

但他却不一般，以超越时代的敏锐眼光，看到了大明帝国华丽身躯下那颗毒疮，盘根错节的局面下，更以莫大的勇气和过人的智慧，施起了革除弊政的“官场手术刀”。仁宣盛世的国富民强，乃至江南大地绵延至今的繁华，他是沉默的奠基石。

这个人，是担任江南巡抚长达十九年的能臣，明朝中前期伟大的经济改革家——周忱。

锋芒出鞘

周忱，字恂如，号双崖，江西吉水人。洪武十三年（1381年）生，永乐二年（1405年）进士，次年入文渊阁学习，成为“重点培养对象”，以聪颖的才识得到永乐皇帝的赏识，赞其“见事敏捷，可堪重任”，大好仕途，仿佛一片光明。

可这以后周忱却步履蹒跚，翰林院苦熬了八年，才升为正四品的刑部员外郎。到明仁宗朱高炽即位的永乐二十四年（1425年），又平级调为越府长史，同科入仕的“同年”们，要么已是封疆大吏，要么是尚书阁臣，唯独周忱，蹉跎着岁月，直到两鬓斑白的知天命之年。

仕途不顺，却并非是政绩惨淡，周忱性情稳重，做事直抓重点，处事公正从不徇私，吏部三年一次的考评，他总名列前茅。掌握朝柄的“三杨”内阁——杨荣、杨浦、杨士奇，对他青睐有加。担负财政大任的户部尚书，“座师”夏原吉，更对他器重无比。

却恰是夏原吉，不断有人举荐周忱，每次都否决，否决的理由都如出一辙：这只是寻常的工作调动，怎能发挥周君（周忱）的才干？

而当一个官职摆在周忱面前的时候，夏原吉不但不再否决，相反倾力支持，竭力推荐——江南巡抚。

事情的起因要从明仁宗洪熙元年（1425年）说起，广西布政使周干巡视江南的一道奏折，揭开大明王朝遮掩已久的一颗毒疮——江南赋税问题。

奏章痛陈了江浙地区赋税沉重，以至农民大量逃亡，民生凋敝的状况：诸府民多逃亡，田没于海，租从何出……

这奏章仿佛一颗石子，激起了朝野千层浪。江南是占财政税收三分之二的“国家仓库”，轻易乱不得。大臣们吵成一团，争得面红耳赤，互相指责推卸责任，上上下下吵得热闹。

只得严令催缴，结果是头痛医头，到宣德五年（1430年），国家“黄册”上的在册江南土地，比十年前减少了近三分之一，国家“鱼鳞册”上的在册江南人丁，比十年前减少了四分之一。仅苏州府拖欠累积就达七百五十万石，折合白银三百七十五万两，这是一个让任何政府心痛的天文数字。

揭发，没用。争吵、推卸责任，没用。整顿、严查、勒令，还是没用。问题究竟出在哪里？

中央那些久历宦海沉浮的老臣们都清楚，却说不得，这是一条事关各位大员仕途命运的警戒红线。

问题的肇事者是一个人——大明朝开国皇帝朱元璋。

当年朱元璋灭了劲敌张士诚，因痛恨江南百姓拥护张士诚，就施行了一道惩罚措施：江南官田民田，世代承受苛刻重税。

多苛刻，对比一下，明朝的官田田赋，其他省份是每亩五升三合五勺，为十一斤左右，民田田赋，其他省份是每亩三升三合五勺，为六斤左右，而明朝农田的亩产量，按照《授时通考》的记载，平均水平应该在两石左右，为三百多斤，对比历朝，是轻徭薄赋。

可江南呢，民田田赋二斗至三斗，为二十斤至三十斤，官田田赋七斗至一石，为七十斤至一百五十多斤。江南的经济负担，是全国其他省份的几倍甚至几十倍。

而朱元璋没有想到，他图一时之快的报复，却在无意之中种下一颗毒疮，祸及了后世子孙。

江南税重，但毕竟鱼米之乡，按《皇明经世文编》里的记载，农业亩产的最高水平可达四石，即粮食六百多斤，远胜于全国其他地区，周忱的恩师夏原吉，正因在江南治水有功，平步青云。所以，纵是赋税苛刻，以寻常的年景，还能承受。

但就坏在“物产丰富”吸引了豪强地主达官显贵，他们巧立名目加征赋税，交不起赋税的农民，只好抛家舍业，而荒了的土地，被地方官以及当地豪强地主侵占，收不上的税，又转嫁到民田身上，久而久之，农民逃亡者增多，国家土地减少。每次严令征缴，其实是恶性循环。

但那是“祖制”，“妄议祖制”是要治罪的。不能说，但必须解决，长此以往，不但税收断流，甚至更有可能激起民变。不夸张地说，这是一场事关大明朝统治基础的经济危机。

励精图治的明宣宗看到了这个危机：清查没用，严旨勒令没用，只有派人了。

这个人，需要有能力、有操守、有手腕，谁合适?

召集重臣，“三杨内阁”来了，早退休归家的老臣夏原吉也来了，众口一声——周忱。

降旨，正四品越府长史周忱，升为正二品工部侍郎，奉旨巡抚江南，兼江南税粮总督。

在周忱的《双崖集》里，则真实记录了赴任之前，恩师夏原吉与他的谈话：“蹉跎多年，历次荐举而不允，皆因深知江南积弊之重，非恂如（周忱）不可担此任，故令汝韬光养晦，以待今日。此去虽阻碍重重，却事关国运，万望慎之。”在老城谋国的夏原吉眼中，周忱这柄未开封的利剑，而今终到锋芒出鞘、披荆斩棘之时。

一月后，夏原吉病逝，赠太师。

明宣德五年（1430年），周忱时年四十九岁，知天命的年纪，带着恩师的临终托付，承担一个事关国运的、天赐的使命。

新官上任，四面楚歌

江南巡抚，封疆、权大、凶险重重。

江南在册土地人口，仅有朱元璋时代的六分之一。或是因农民逃亡而荒芜，或是被当地官员豪强以各种名目侵占，这群人有“靖难功臣”的家属、后妃太后的亲眷、朝中重臣的门生故吏，都是既得利益者，得罪不得。

但拖欠的税粮要清缴，新的征粮任务要完成，可对于凋敝的民生、萎缩的土地数额来说，这是一个“不可能完成的任务”。

周忱迎难而上，不吃请、不收礼，走遍各府州县，眼见当地父老痛哭于地，痛陈赋税沉重——原因，找到了。

周忱郑重上疏，新官上任第一把火，烧向了众人忌讳的官场“红色警戒线”——税收制度。

奏章里，周忱痛斥了旧税制的弊害，指出问题的关键在减免江南赋税，请朝廷“不拘通例，别具一法”。周忱更给内阁的大臣和六部长官写信，求大员们以民生为念，支持自己的主张。

然后周忱就得到了回复——暴风雨般的呵斥。

朝堂炸锅了，“妄议祖制”还了得。户部尚书胡濙怒了，叫周忱去江南不是去免税的。太子少师、阁臣郭资更恼，他是“既得利益者”的后台，立刻做义愤填膺状，要求以“变法成乱”之罪，将周忱革职查办……

地方上也不消停，当地官员权贵嘴上不说，暗地里使坏，上上下下使绊子，就想把周忱早早逼走了事。

好在“三杨”是全力支持，拐弯替周忱说好话，总算使明宣宗消了气。但减税主张也原文驳回——不许。

新官上任第一把火，看似轰轰烈烈，却最终烧得自己“四面楚歌”。

事情却没进展，问题都知道，可那是“警戒线”，谁动谁倒霉。不动，弊政依旧，百姓苦困依旧，土地流失依旧，拖欠依旧，怎么办？

照这样下去，周忱的结局也只能这样——劳而无功，身败名裂，打道回府。

屋漏偏逢隔夜雨，是年闹灾，太湖尽成泽国，积欠的税粮和新征粮任务都泡汤。风凉话来了，送周忱绰号——“周白地”。为官一任，辖下尽是凋敝的白地，说得实在，却也窝囊。

可周忱好脾气，不恼，笑答：“今年呼我‘周白地’，明年教汝米铺地。”好大的口气。

然后，他做到了。

扭转乾坤

周忱怎么做到的？

“四面楚歌”的周忱，找到了他的第一个“亲密战友”——苏州知府况钟。

这人是今天“清官戏”中的“青天大老爷”，时任苏州知府。

免税失败后，周忱与况钟商议有什么办法，能够既不更改祖制，又能减轻百姓负担，更能完成国家的征收任务。

这难度太大了，况钟没办法，但他小吏出身，个中的蝇营狗苟他清楚，一条条抽丝剥茧，给周忱分析。

听着听着，周忱眼前一亮，拉住况钟："我们一起来做一道算术题吧。"

然后就是史书上记载的"曲算累月"，两位"青天"夜以继日，将历年征粮期间的各类开支核算清楚，终于周忱长舒一口气——办法有了。

然后，就有了周忱的第二把火，低调的奏章，最实在的办法——平米法。

当然，表面工作还是得做，常对同僚懊悔擅动祖制等。对当地的豪绅大户，周忱也多宽抚优容，一切都传递着一个信号——周忱认输了。

"既得利益者"们放心了，"后台"们放心了，"不合作"的下属们也开始合作了。

可就在这时，一声晴天霹雳砸来——朝廷批准平米法。

刚开始"既得利益者"们并不在意，可实施起来却发现，不动声色的"平米法"，掐住了江南赋税问题的死穴。

明朝每年在征收税粮的时候，百姓按规定缴纳的税粮，叫"正米"，因为运费加征的税粮，叫"耗米"，"耗米"的数额由地方官掌握。江南赋税沉重，原因是官员们在"耗米"上做文章，豪绅们的"耗米"转嫁给平民百姓，更巧立名目加征，结果平民百姓要负担的"耗米"往往是"正米"的几倍甚至几十倍，人口逃逸、土地锐减的惨状，这是导火索。

是导火索就掐灭，"平米法"来了。江南各家各户的"耗米"数额按其负担的"正米"数额换算比例征收，穷人少交，富人多交。“平米法”内容简单，意义却不一般。

这彻底掐死了官员滥征的财路，往年官员借机加征，权贵借机侵田的“幸福时光”，一去不复返了。

可这次没法反对，“平米法”碰不到“警戒线”，重臣杨士奇等人又支持。宣德八年（1433年）“平米法”正式实行，当年江南地区就提前完成了征粮任务，没有拖欠，满额征收。

这么顺利还是和周忱的手段有关，对“耗米”的征收比例，严加核查，防止官员舞弊作梗，敢以身试法的，统统锒铛入狱，软硬两手抓，百姓负担大大减轻，逃亡的农户纷纷回归，经济蒸蒸日上。

可历年拖欠的税粮怎么办？朝廷上郭资等人怂恿，“严令催缴”的文书一道道来，真要把百姓逼得倾家荡产吗？

请旨减免，苏州府减免了七十二万石，松江府减免了五十万石，可没减的还要交，加征？

周忱有办法，而办法还是在“平米法”中。

税粮的运输，有民运、漕运、军运等许多种。周忱找到漕运总督陈宣，商议由漕军负责运送江南税粮，办法是每年在淮安或瓜州进行交兑，再由漕军运送进京。这样计划内的“耗米”节省大半。

节省下来的“耗米”则储入府库，偿还积欠税粮。至宣德十年（1435年），江南地区拖欠中央二十三年的税粮全部缴清，数年苦熬，无债一身轻。

第二把火，周忱不动声色，却终成燎原之势。

当然，烧得旺是因为在这中间，周忱又烧了第三把火，更不动声色——都是看似零碎的小事。

征粮的用具，统一用“铁斛”，“大斗进小斗出”的盘剥没了。粮长，原正副三人改成两人，简化征粮的手续，杜绝贪污。还有官员俸禄发放制度，原是官员凭俸帖（工资条）领禄米，再兑换成白银，改成官田以及穷困民户直接缴银，再做俸禄发放给官员，结果是“民出甚少而官俸足”……

何止“官俸足”，整个江南都“足”，百姓赋税少，国家收入多，“公私饶足”的奇迹，周忱做到了。

能做到这一点，却恰恰来自当年永乐皇帝的评价——“见识敏捷”，盘根错节的官场关系里，找到问题的关键点，一击中的。也来自他的性格，沉稳有度、不唱高调、不硬撞墙，而是小处着眼办实在事，通过点点滴滴的累积，推动改革。周忱做事也精细得很，下面人的坑蒙拐骗瞒不过他的眼睛，有官员曾因运粮失职，为逃罪责撒谎说“路上碰见大风”，周忱当场驳斥：“胡说，我查过了，你说的那天根本没有风……”

底下人做不得假，政敌们憋气，恨得要死，一点把柄都抓不住，只能吃哑巴亏，眼见周忱“闷声发大财”。

周忱“发财”了，正统元年（1436年），下属奏报，江南各州县积存库粮已全部满仓，不“消化”，新征的粮食都没处放，怎么办？

好办。设“济农仓”，给生活困难的农户“无息贷款”。修桥、铺路、兴修水利、修缮学堂。苏州正谊书院从此育人百年，苏松河全线畅通，商旅云集，灌溉良田万亩，还有今天依旧巍然的钱塘江大堤，完工后“海竟不能为患”。取富于民，用富于民，“发财”的周忱，是个很会过日子的人。

会过日子，从此江南过上了好日子，凋敝的“白地”，负债累累的“欠税钉子户”，而今膏腴遍地，沃野千里。扭转乾坤的奇迹，来自周忱于无声处听惊雷，点点滴滴的改革。

江南的好日子，也就是明王朝的好日子。“仁宣盛世”的财富充足，正统年间平定西南麓川叛乱，耗资百万钱粮打出的边陲太平，都来自江南的钱粮供应。甚至“土木堡之变”，明英宗朱祁镇被俘，国难当头的关键时刻，还是江南率先运送库存百万石米粮至京城，然后有了北京保卫战大捷……

都过好日子了，却唯独周忱生活寒酸，官仓府库充盈，周忱自己家“历封疆二十载，好施助人，至家无余财，逢年节至，告贷以度”。借钱过年的“封疆大吏”，却是仁宣朝至正统朝的繁荣画面下，支撑大局的基石。

惨遭陷害

撑得起大局，撑得起百姓和国家的好日子，可有一样东西，周忱最终却撑不起了——陷害。

从宣德五年（1430年）周忱出任江南巡抚后，对周忱的打击陷害就没停，断了人家财路，当然不会干休。但周忱朝里有人，阁臣杨士奇是他后盾，明宣宗朱瞻基、明英宗朱祁镇都对他赏识有加，周忱本人也办事细致，从不留把柄与人，所以雷声大雨点小。

后来杨士奇退休了，国家大权落在王振手里，这个遗臭万年的公公同样对周忱器重有加，王公公亲自主持平麓川的“政绩工程”，没有周忱的钱粮支持绝难实现。所以，尽管那些年朝政乌烟瘴气，但周忱官位稳如泰山，有了二十二年苦心经营下，江南的盛世繁华。

可终于有一天，撑不住了。

那是景泰二年（1451年），权倾一时的大公公王振早死在土木堡乱军中，此事秋后算账，算到周忱的头上，给事中金达的弹劾如一记重锤——勾结权阉王振。

贪污、横征，都是听风就是雨的事，可“勾结王振”一条却致命。王振专权下，官位稳如磐石，如何解释？

彼时恰是明代宗朱祁钰在位，改革？赋税？这不重要，新君登基，重要的是君臣同心，和王振说不清楚的周忱显然是“不同心”的。景泰二年（1451年）六月，周忱被勒令回京述职，与江南土豪有瓜葛的官员们借机发难，争相上奏弹劾，重负下的周忱再也承受不了暴风骤雨。八月，周忱上表辞职，获准，退休归乡。两年后周忱病逝于家中，享年七十三岁。

而江南的好日子也戛然而止，周忱退休后，户部侍郎李敏成为江南巡抚，两年就将江南的储粮挥霍一空，继而江南闹灾，官仓因无粮赈济，史载“道殣相望”，又是“白地”般的惨景。而彼时的周忱，也早已闭上了操劳一生的眼睛，千里之外，江南百姓为纪念他修筑的“周公祠堂”，遥遥相望……

明朝皇帝出巡很痛苦

胡闹的皇帝出巡

古往今来，“皇帝出巡”这件事，在历史剧爱好者的眼中，从来都是精彩纷呈的。相关的一票艺术经典，培养了代代死忠。

但这件看上去很美的事，真要当历史一样深信，那就真叫信了鬼。

在古代的经济科技条件下，皇帝出巡这件事，不亚于一个正常人去挑战极限运动。中国两大短命王朝：秦朝和隋朝，其直接败家子秦二世和隋炀帝，也都有这爱好，并且闹得惊天动地。最后迅速败亡，可以说是无节制出巡惹的祸。

即使是康乾盛世规模宏大且充满故事的六下江南，稍微深挖一下，就是笔笔烂账：每次出京的阵仗，都是近三千人。用船就要一千多艘，马匹更要近万。仅乾隆皇帝六下江南，国库开支就有两千万两白银，并且不包括地方官强行搜刮民脂民膏的数额。其严重后果，乾隆皇帝晚年临终前也总算认账：六次南巡，劳民伤财，有害无益。

皇帝出巡这事，既然危害如此大，为什么一直没人敢管?

表面的原因，当然是皇帝君威无限，比如传说中很圣明的乾隆皇帝，有敢向他说两句民间疾苦的，不是抓就是打。降职罢官都算是从宽，还要当众斥骂，外带发动百官驳斥揭批，彻底把人搞臭才算完。

但更深层的原因，却是扛好欢迎皇帝巡游的牌子，地方官就可以明目张胆压榨勒索百姓，巧立名目加税肥私，皇帝身边的宠臣们，也可以大摇大摆收贿赂。

这样好的龙皮，当然要往死里用。发展到后面更恶劣：常闹得大量民产民田被圈占，百姓流离失所，家破人亡的血泪无数。但大多数官员，仍对这事日思夜盼。

以后来马嘎尼访华时的见闻：路过大清最繁华的地区，一路不是看到破败的贫民房舍，就是看到豪华的权贵宅院。而那些底层百姓们，不但面黄肌瘦，严重营养不良，生活更极没尊严。路上仅清朝官员征用底层百姓做民夫，给英国使团拉纤，就陆续淹死了好多人，看得这群英国人一头冷汗，清朝官员却连眼睛也不眨。那些明末西方传教士记录下，曾经勤劳充满自信的中国百姓，却是英国人亲眼看到的草芥。

这是一个已经严重病态畸形的社会。而乾隆皇帝的六次出巡，更为造就这样一个社会做出了卓越的“贡献”。

当然有一个事实，无论正史还是民间演义里，都是比较一致的：皇帝出巡的主角，君临四方的皇帝，在享受这件事的时候，大多都十分乐爽。

当然痛苦的人，也不是没有。比如明代传说中的“荒唐皇帝”：明武宗朱厚照。

当他也准备启程南巡，游览江南山水的时候，却未曾想遭到了大臣们的抱团反对。一批刚正臣子们前仆后继，风骨强硬地展开了悲壮阻击战。毫不退缩的铁血形象，几乎令他闹狂。

硬骨头的明朝官员

阻击正德皇帝朱厚照出巡这事，难度有多大?

这位史上著名的荒唐帝王，除了养猛兽更养美女。

朱厚照又给自己起个封号“大将军朱寿”。拉军队出去跟鞑靼达延可汗开练，把这个打遍草原无敌手的煞星狠揍一顿。而后在北方边境轮流巡游，以《明史》上所说，几千里的山路，这家伙骑马狂奔，暴风雪满天时都不减速，以至于随从都累瘫一片，他还精神抖擞。

而在对待大臣上，朱厚照先后宠信过刘瑾、钱宁、江彬一干奸诈人物，借力打力把大臣们折腾得七荤八素，是个极不好伺候的人物。

在后世许多史家眼里，朱厚照这位“昏君”，堪称秦武王、秦二世、隋炀帝等各路奇特帝王的结合体，昏君之中，堪称“恐怖魔兽”级别。

但这位“恐怖魔兽”所面对的，却是中国古代史上最强硬的文官群体：大明文官。

如果说宋朝是士大夫集体幸福的年代，那么明朝就是士大夫集体强硬的年代。这一条更是与后来号称“承明制”的清朝有着本质不同。

清朝官员的集体特点，就是一个“混”字。照清中期名臣曹振镛的话说，为官就是“多磕头，少说话”。所以，不论皇帝多胡闹，一干文武官员，也只能奴才般地伺候着。

如此政治风气，也使得清朝官员，早早就没了责任心。哪怕后来鸦片战争，被英国揍得吐血割地赔钱。一干满族官员，还是成日喝酒、抽烟、打牌。气得名臣肃顺悲愤高呼：“咱们旗人混蛋多。”

而明朝的官员们却大不相同，除了士风彻底沦丧的崇祯年间，绝大多数时间里，他们都是极有责任感的一批人。官员不分忠奸贤愚，共同的特点就是骨头硬。发展到最奇特的年月，官员以骂皇帝为荣，靠挨皇帝揍来赚声望，最好被充军流放，管保名满天下，人生追求全齐活。

如此硬的骨头，自然也是特殊历史造就的。朱元璋创建大明朝的时候，废掉了有挑战皇权隐患的宰相制度，但出于政治平衡考虑，他还设计了以小制大的言官系统。品级低的御史给事中有强大的骂人特权，就连御史周观政狂骂朱元璋本人，素来凶暴的朱元璋，还是憋着气赔着笑脸认了。著名的铁面御史韩宜可，一生多次惹得朱元璋的愤怒指数突破新高，但终究还是硬摁住火没下杀手。一个行政权与监督权相互制衡的大明官僚制度，就这样咬着牙建好了。

但随着明朝开国后重视教育，科举制度蓬勃发展，这个原本为配合君主独裁而建的官僚体制，却成为文官集团力量生长的温床。随着永乐年间文渊阁的建立，发展到十五世纪晚期，明朝内阁制度彻底成熟，几乎完全扮演了昔日宰相制度的角色。尽管大多数明朝内阁首辅的权力远不能与历代“权相”相比，但整个的内阁体制则已经有了抗衡皇权的力量。

同时明代虽确立八股取士，但随着儒学的迅猛发展，各流派思想也高度进步，甚至更有了独立思考和怀疑的精神。比如十五世纪晚期明代儒学的重量级流派河东学派，其核心思想是：“实理，皆在万事万物，圣贤之理不过摹写其理尔。”这思想翻译成白话，就是实践是检验真理的唯一标准。放在今天，这也十分振聋发聩。

另外还需要说的是，从永乐皇帝朱棣在位后期开始，明朝就确立了依法执政的原则。特别是死刑制度，更形成了谨慎的“五复奏”制。哪怕凶横如永乐大帝朱棣，晚年一次打算僭越法律杀人，结果被官员集体抵制，最后还是朱棣自己认错了事。自那以后，官员招惹皇帝的风险系数，一直大幅度降低。

后人津津乐道明朝的宦官专权，其实如刘瑾、魏忠贤这样的极品，一旦有乱说乱动惹了皇帝，立刻就会被皇帝轻松处死。从头到尾，他们也不过是皇帝制衡文官的工具。

尽管文官集团如此讨厌，但是皇帝潜意识里，却大多还是比较喜欢。这群人虽然平日顶牛，但明朝科学的政治体制设计，外加文官集团自身的信仰传统，足够保证他们只是顶牛而不是翻天。所以，心智成熟的明朝皇帝们对他们大多都比较宽容。

但明武宗朱厚照不一样，登基的时候还是个十五岁孩子，外加性格十分叛逆。因此虽说政治手腕早熟，帝王心术不差，但一个特殊心态却贯穿始终。以他自己话说：文官中十个人，最多三四个好人。宦官中十个人，至少六七个是好人。这个特殊心态，他一生坚持。

坚持这个心态的朱厚照，作为昏君中的魔兽级人物，一直和文官顶牛，早期扶持刘瑾就是法子，但大杀硬打几年，却还是跑偏了路，反而闹得刘瑾和张永两个宦官窝里反，最后还是被文官们逆袭。

必须说的是，正德年间的明朝文官集团，与明末最大的区别是此时的杨廷和、李东阳、杨一清等文官大佬，都是负责任的政治家，最典型的就是权阉刘瑾倒台后的善后工作。作恶多端的刘瑾，生前做过的诸如反贪赈济之类的业绩，杨廷和等人非但没有否定，反而继续深入地做下去。明末党争中那种因人废事的常见事，在这年头是公认的傻事。

也正因如此，叛逆的青年皇帝朱厚照面对的是这样一群手段成熟且立场坚定的对手。在刘瑾倒台后，朱厚照的捣蛋也在继续，从拉部队北上打鞑靼，到北巡边境，都是顶牛的手段。而双方的对掐，也在南巡事件中到达了高潮。

南巡阻击战

朱厚照决定南巡，是在他结束了北方边境巡游以后，也就是正德十四年的事。

之间的几年里，他除了提兵北上，痛打了鞑靼可汗达延可汗一次外，也曾多次耀武扬威，在北方边境巡游。

他的巡游表现，跟后来乾隆下江南的好些地方都极有一拼。比如人还没到边关，心腹宠臣江彬就已经给他在当地建好了行宫，走一路修一路，锦衣玉食十分舒坦。

但比起清代官员的唯唯诺诺来，明朝的文官从中央大臣到地方官员，绝大多数都是全力抵制，有流着泪哭着进谏的，有拦在车头进谏的，甚至就连朱厚照出关去草原打仗，居庸关御史张钦也硬撑着不开门。最后还是朱厚照耍了小聪明，听说张钦遇事巡游后，才大胆从居庸关跑出去。

换句话说，比起乾隆走到哪里，热情招待到哪里，朱厚照则是走到哪里，官员就顶牛到哪里。

但朱厚照是个天生“顺毛驴”，越顶越来劲。他准备巡游宁夏的时候，官员们已经发动了一次阻击战。车队要出京城左顺门时，大学士梁储带头阻拦，朱厚照连哄带吓唬，拿着剑来回比划，梁储也横了一条心，硬顶着不让步。最后朱厚照还是不忍砍下，骂骂咧咧地扔下剑从别处跑了。

明朝官员们之所以在这事上态度如此坚决，首先是个人生观问题，明朝官员们受正宗儒学的教育，普遍认理不认人，为了维护信仰法统，天王老子也赶顶。这样一种深入人心的精神品质，是做奴才不可得的年月无法理解的。

而当时文官集团的主事者，如内阁大学士杨廷和、兵部尚书王琼，虽然彼此也勾心斗角，但大事上不糊涂。皇帝这么胡来，祸害的是国家的元气。哪怕是打胜仗这样的好事，如果玩上了瘾，也迟早出大事。

最要命的，还是个皇帝形象问题。朱厚照一路巡游，其实大多数事都还比较讲规矩，哪怕征用房屋和安排接待，也都是照价付钱。可最丢人的，却是他大肆猎艳这事，走到哪里都要找女人侍寝，好些地方的武官为巴结皇帝，还把自己妻女都奉献出来。相关的段子，当时就在民间广为流传，皇帝的尊严扫地。

尤其值得一说的，还是明朝皇帝出巡的利益回报问题，这事在清朝是个财源，放在明朝就是祸水。明朝官员不是没有灰色收入，但打死也不会发这个财。首先是明朝户部赋税制度严格，地方官想借这事敛民财，在当时律法一关就过不了。能打着龙皮发歪财的，除了宫里的采办太监，就是皇帝身边的佞幸小人。对于普通官员来说，发得了这个财，也丢不起这个脸。

当然还有一个文官们心照不宣的原因：阻止南巡，争的既是规矩，更是权力。明朝自宣德年间起，双轨制政治体制已经成熟。皇权之下文官行政，宦官制约，就好比一个家庭，皇帝是丈夫，文官集团是正房夫人，宦官集团是丈夫宠的小老婆。

本来之前大明朝这样的“家庭”还是比较和谐，但朱厚照这样一闹，就全变了味。朱厚照京城不常呆，常年在外跑，国家大事决策更是踢开文官集团，只和身边宠臣决策。根深蒂固的文官集团，一下就被边缘化了。

于是就像失宠的大老婆要挽回花心丈夫的办法一样，无论如何，都要把皇帝留在身边。

如上原因，也令文官集团的顶牛，越发地给力。一场剧烈的冲突，在正德十四年的北京爆发。

正德十四年年初，在北方玩腻了的明武宗朱厚照终于返回了北京。一直卖力替他坐镇京城干活的内阁首辅杨廷和也总算小小地喘了一口气。

但一个恐怖的传言，却早已在官员们中间流传：皇帝紧接着还有一场更大的出巡计划，打算从北京出发，先到山东爬泰山，再经徐州到南直隶，在江南玩个遍后再去湖广，最后爬上武当山。

这是要穿越大半个中国的节奏！

当官员们不敢相信自己的耳朵的时候，朱厚照的旨意让他们彻底信了。而且这个路线最恐怖之处在于朱厚照一行人要穿越的，正是造反之心已昭然若揭的宁王朱宸濠的地盘。

当然这事的风险性，朱厚照不是没想到。他虽然爱玩，却不是个无脑昏君，国家大事还是明白的，之所以这样做，本身就是为了大军南下，震慑朱宸濠，让他不敢妄动。相关的目的，朱厚照的圣旨里也透露了出来。可这么做的一个后果，就是这次南巡必然开支庞大，劳民伤财的程度必然创历史之最。

因此内阁首辅杨廷和也意识到，这次皇帝要玩大了。杨廷和立刻布置，自己和另一位大学士毛澄一起上奏折，提了三条反对意见：第一，皇帝用“大将军朱寿”的名义南巡，不符合法统。第二，所过地区闹过灾，容易出事。第三，北方蒙古一旦进犯，难以防备。这三条理由，件件难以驳回。朱厚照倒也识相，口头上没反对，暗地里还在做准备。

但这次上奏，只能算是阻击战的试探火力。一看朱厚照躲避，下一招就是正面拦截，先是最擅长骂皇帝的团队——言官集团出动。三月十三日，全体科道官员在宫门外集体请命，请求皇帝收回南巡计划。这就是言官们的常规攻击招数：伏阙请命。

这次的攻击势头极大，一群人在宫外从早晨跪到天黑。饶是朱厚照脸皮再厚，这么个抗法也挂不住。朱厚照只好先使出缓兵之计，派太监宣诏说暂时先考虑考虑，让群臣先回去。一看皇帝有了小让步，言官集团的这次攻击也就暂停。

没想到朱厚照反过手来，也使出逆袭：你们不是请命吗？我闹罢工。接着两天以后朱厚照就宣布不上朝了，诏书里也解释说：这几天我很伤心难过，心情不好。国家大事也批不了，你们看着办吧。潜台词也很丰富：叫你们逼我，我就歇菜给你看。朱厚照完全一副家里熊孩子不理爹娘的节奏。大学士梁储见势不妙，赶紧上书和稀泥。吏部尚书王琼也吓坏了，赶紧苦口婆心劝大臣们别这么逼皇上了，皇上就是个小孩子，上来脾气真能干拿刀抹脖子的事，真那样谁担得起责任？

朱厚照这一闹，文官集团的这一轮阻击，也被轻松破解掉了。你们再拦着我，我就和你们赖皮，看你们咋办。

但万万没想到，文官集团真正的杀招，这会儿才亮出来。这次是敢死队。

这次是一百多个中下级官员，以黄巩和陆震两个兵部郎中牵头，上书反对南巡，没想到这个举动，立刻一石激起千层浪。从三月二十日起，先后有一百多名官员纷纷效仿，争先恐后上奏，起初开始反对南巡，往后就开始找后账，历数朱厚照上台后的种种错误行为，连刘瑾专权的老账都叫人刨了出来。雪片般的奏疏，好比敢死队的手榴弹，齐刷刷地砸过来。

在这次行动中，大批中下层官员，表现出了勇敢的气概和敢扛事的勇气，都赌咒发誓说绝不串联，更信誓旦旦说和朝中大佬们毫无关系。但如此密切配合的连番轰炸，真是心有灵犀到了极致。

朱厚照的愤怒也到了极致，随后也发了狠。为首的黄巩和陆震等人，被抓到镇抚司拷问，其他上奏的一百零七名大臣，全都被拉动宫门外罚跪，先要跪个五天不吃不喝，然后再发落。

这事一办，北京城就热闹了，一百多大臣，相当于当时京官人数的八分之一，而且包括了京中大小各个衙门。抓得如此狠，司法机关大理寺也看不下去了，大理寺正卿周叙等十名大臣，也上书反对处罚，随后也被抓去罚跪，之后陆续又抓了二十多人。

跪满五天后，朱厚照的凶暴惩罚也开始了：三月二十五日，皇帝先把大臣们集体拉出来杖责，当场打死两人。四月十五日，皇帝又把带头的黄巩等十人拉出来再打一遍，铁打的汉子也终难扛住这二遍苦。这几位再度受刑的官员，终于伤重不治而死。

但朱厚照万万没想到，他这样玩命地惩罚，反而激起了更大的众怒。正啪啪打板子的时候，又有二百多官员再次陆续上奏，既请求朱厚照放过涉事官员，更请他收回成命。连指挥使张英这样的武将，也愤然出头，他在宫门外愤然自刎，用生命来劝阻朱厚照。这样浩大的声势下，朱厚照终于退缩了，南巡的想法，总算暂时搁置。

这年七月，宁王朱宸濠终于图穷匕见，扯旗叛乱。朱厚照也就顺理成章地找到了最好的南巡借口：御驾亲征平叛。这个理由借助了明朝的“祖制”，使南巡游玩的行动也就变得合情合法。明朝历史上这场声势最浩大的南巡，总算得以启动。

当然整个过程里，朱厚照的痛苦依然在继续，所过之处地方官同样毫不配合。扬州知府蒋瑶骨头尤其硬，不但拒绝给朱厚照送钱孝敬，连给朱厚照安排的饮食都十分寒酸，更讥讽朱厚照如果这样下去，必然会成亡国之君。就在朱厚照一面跟文臣顶牛一面玩耍的路上，宁王朱宸濠的叛乱已被一代大儒王阳明轻松平定，在笑纳了王阳明送来的重量级俘虏宁王后，朱厚照总算过够了瘾，决定班师回朝了。但万万没想到的是，就是这次回去的路上，朱厚照半道落水，捞上来后身体状况急剧恶化，回到京城后不久就病故了。如果没有这次南巡，他的英年早逝，也不会这样快。

但比这件事影响更远的，却是之前为了阻止南巡的这次苦谏。这是大明王朝历史上第一次在面对大规模杖责威胁的情况下，文官集团依然抱团抗争的经典战役。这件事情的过程和结果，都堪称明代文官集团身份地位的一次大磨练。文官集团在顶牛皇帝的招数上，越发驾轻就熟。类似的政治剧会在之后嘉靖年间的“大礼之争”中再度上演。甚至在晚明年间的党争中演变出升级版。当然那时的大明文官，已经变质，从大明王朝的支柱，变成了挖大明墙的蛀虫。

而且同样需要正视的是，在明中期的许多年里，皇帝与文官集团顶牛的景象屡见不鲜。但顶牛最激烈的几个桥段，比如正德年间和嘉靖年间，后人在津津乐道皇帝大臣掐架时，却忽略了这时代繁荣的民生：正德至嘉靖年间，是中国商品经济的活跃期，更是明朝经济的重要整合期。正德年间的大明朝，被后世普遍承认的，更有多次减免赋税和提高民生福利的举措。而嘉靖早期十八年激烈的“大礼之争”，同时也是大明王朝的又一个黄金时代“嘉靖中兴”时代。

相反文武百官大多闭上嘴巴装乖的年代，即明末崇祯年间，却成了臣子各怀心事坑皇上，大臣们蝇营狗苟找出路的末世。

打得热闹的时候，偏是大明朝开始提速发展的年代，个中的缘由，直到今天依然值得深思。

唯一一位奴隶出身的明朝名将

执政四十五年的明朝嘉靖皇帝朱厚熜，历来被看做奇葩一朵：最爱修道炼丹，二十多年不上朝，用人也眼歪，大奸臣严嵩一帮人在他眼皮下贪污腐败二十年。

每当后人回顾这段历史，总能闻到浓重的乌烟瘴气味。

但是这朵奇葩，其实业绩颇多：他在位的前半段，整大臣够狠，用人却也够准，明朝行政廉洁高效，工商业蓬勃发展，资本主义萌芽更进入生长加速期，史称“嘉靖中兴”，堪称大明朝黄金二十年。他后期虽说消极怠工，闹得腐败激化，动乱四起，但他还是解决了大明朝一个前所未有的国防大麻烦——南倭北虏之患。

南倭，便是一直侵扰东南沿海的倭寇；北虏，便是肆虐长城沿线的蒙古骑兵。南倭北虏全是大明王朝的老对头，到了嘉靖年间，却同时进入嚣张期，每年来回折腾，每次都给明朝造成惨重损失，南南北北来回闹。这是明朝开国以来，第一次面对长期双线作战的痛苦，个中的艰难滋味，晚明的崇祯帝还会体会一次。而嘉靖帝在位的后半段，也是在摁下葫芦起来瓢的折腾中，痛苦二十年。

但这样一个麻烦，到底让嘉靖帝给摁下去了，南方抗倭打出了戚继光、俞大猷一群英雄，一开始被倭寇追着砍，后来追着倭寇砍，最后还跨国出击，终于到嘉靖帝驾崩那年，明军在越南万桥山剿灭了最后一股倭寇团伙。这群肆虐中国海域三个世纪的日本强盗，至此基本覆灭。个中的光辉事迹，从来史不绝书。其中表现最优良的戚继光，更被看做民族英雄，能给的荣耀都给了。

而知名度相对不算高的，却是同时另一个战场上，大明北方边军抗击蒙古骑兵入侵而浴血奋战，以及一位曾令蒙古人闻风丧胆的铁血将军：马芳。

这位将军的戎马生涯，或许正应了一部战争电影的名字：《从奴隶到将军》。

北虏有多狠

比起东南沿海大杀四方的戚继光，一直在长城血战的马芳，功勋同样不差。说起他的业绩，却要先看看他的对头北虏有多狠。

北虏，即大明朝的老对手——长期侵扰明朝边境的蒙古部落。虽然自明朝开国后，北虏的日子便一代不如一代，但这帮人的生存能力却不是一般的强，每当实力有所恢复，便会狠狠咬大明朝几口，之前咬得最狠的一次，就是瓦剌可汗也先在土木堡一举击溃明朝几十万大军，还把御驾亲征的明英宗抓了俘虏。

而嘉靖年间，明朝又赶上一次北虏发狠的时候。鞑靼可汗阿勒坦，明朝人称俺答，这位成吉思汗的子孙，堪称此时蒙古草原最杰出的军事家，比起当年瓦剌在土木堡的狠咬一口，阿勒坦更加青出于蓝。他带给明朝的，是每年持续的打击。其军队战斗力更凶悍，其麾下的骑兵更是当时蒙古草原的精锐，阿勒坦经常以高超的指挥与凶暴的冲击多次重创明朝边军。

就战斗成果说，阿勒坦几乎创下自北元覆灭后的最恐怖记录：被他攻克过的边境城池，有石州、朔州、延绥、松子岭、广昌、古北口等十七座，最惨的是大同，曾经从嘉靖十九年至二十一年，连续三次被阿勒坦占领；死在他手里的明朝边将，嘉靖年间累计有总兵四人，副总兵两人，参将六人，游击四人。当时明朝北方边军，最会打仗的将领和最能打仗的明军，都被阿勒坦轮番修理个遍。

而阿勒坦对于骑兵大兵团奔袭的指挥能力，更到了登峰造极的地步。阿勒坦曾经有一次攻克雁门关，然后高速突袭，电光火石之间就把太原、潞安、临汾等重镇都饱掠个遍，几乎将整个山西省打穿。后来复制了这一经典攻击的，只有皇太极时代的清军。这是明朝自正统年间以来，北方面对的最强大对手。

阿勒坦最狠的一次，却是在嘉靖二十九年，先声东击西，绕开明朝宣大防线，在古北口击溃明朝三万守军后，竟一路长驱南下，杀到了北京城外，之后在北京郊外大肆劫掠，还差点毁掉明皇陵，最后携带着大批财物和人口，一路得意招摇着撤军。沿途被掳掠的百姓嚎哭震天，好些人竟在路上自尽，北京城外被毁的州县村庄，更是废墟一片。而北京周边的八万明军，从头到尾龟缩不战，气得嘉靖帝最后砍了兵部尚书丁汝夔，明军却也只敢一路尾随，缩头到底。这是明朝自土木堡之变后，又一次丢人现眼的国耻：庚戌之变。

明军如此没种，还是因为阿勒坦太凶，斗狠斗不过，要计谋也要不过，怎么打怎么输，因此能不打就不打，个别十分没种的明朝边将，甚至还偷着给阿勒坦塞钱，只求阿勒坦别打自己。也正因为太过怂包，阿勒坦的侵扰也就越发轻松。最嚣张的时候，阿勒坦还没打来，好些明朝军队就全跑光，阿勒坦人口粮食打包全收。

而就在这场明朝军队集体“秀没种”的庚戌之变中，怀柔一个三十三岁的千户表现却相当有种：他带的一支小部队与阿勒坦主力遭遇，非但没有跑，反而主动发起攻击，此人更冲在前头，一下就击杀了阿勒坦的部将。以至于不明真相的阿勒坦还以为有埋伏，慌不迭就撤了。这场不起眼的小挫，在阿勒坦战无不胜的军事生涯里也算不得什么，但正是这位年轻的千户，却成了后来阿勒坦最强劲的对手：马芳。

马芳的出现，意味着阿勒坦的好日子快要到头了。

要说起来，这位强劲的对手，还是阿勒坦自己培养的。在成为一位明朝军人以前，马芳的身份是阿勒坦家的汉人奴隶。

马奴隶练级记

嘉靖四年，阿勒坦的祖父蒙古达延可汗，对明朝宣府、大同地区，发动了一次空前的入侵。大批村镇惨遭浩劫，数万百姓被掳，无数家庭离散。这其中，便有马芳一家人，马芳的父母在战乱中失散，八岁的马芳更被蒙古骑兵掳走，流落到草原做了骑奴。

这样的悲惨命运，在当时实在太多。那些被抓到草原的汉民，大多不是做了奴隶，就是在草原开荒种地，吃够了各种羞辱和苦头，只求能平安地活下去。

但在八岁的马芳心中，一直燃烧不息的，却是一个强大的信念：报仇！

在这样强大的信念下，小马芳表现得十分乖巧，一开始做骑奴，后来做苦力，不是伺候牛马羊就是伺候主人。但不管干什么，马芳总能讨得主人赏识，还和好些蒙古兵交上了朋友，当牛做马的日子，过得竟有滋有味。

除了会来事之外，马芳还会学习，没啥读书条件，跟着一道的汉人奴隶学，竟也粗通文墨。马芳武功更自学成才，自己砍木头做弓弩练射箭，还跟着蒙古兵学骑马和格斗，本事迅速提高，射箭技术有名的高。马芳期间吃了多少苦、挨了多少揍，史书上并没说，但一直支撑马芳的，却还是那个信念：了解他们的习性，学会他们的本事，找到他们的弱点，总有一天会战胜他们。

等着阿勒坦做了可汗，已经是青年的小奴隶马芳竟也在他面前闪亮了一把：一次阿勒坦出去打猎，斜刺里杀出一只猛虎，嗷嗷地冲阿勒坦扑来，护卫在身边的蒙古勇士们当场脸都吓白了，唯独马芳不慌，淡定地弯弓搭箭，一下就将猛虎击杀。喜得阿勒坦当场奖励马芳一匹马和良弓：人才啊！

从那以后，马芳就成了阿勒坦的心腹，多次随着他南征北战。仗越打越多，立的功劳也越来越多，蒙古人打仗的学问，他也越学越多，阿勒坦用兵的特点，更让他摸了个透。一直到了嘉靖十六年，骑着阿勒坦赠送的宝马，使着阿勒坦赠送的良弓，马芳趁夜逃亡，一路长途奔逃到大同明军军营，结果刚跳下马来，就被明军卫兵五花大绑。马芳这么做简直是玩命，且不说被蒙古人抓住就是死，就算逃到了明军处，十有八九也会被当奸细处死。

但马芳着实走运，当时的大同总兵便是名将周尚文，此人带兵有方，几番审讯下来，便判定马芳是个人才，不但立刻委任他为队长，成了明军中的基层将官，而且还主动派人找回了马芳的父母，让这个离散十二年的家庭终于团圆。这番深情厚恩，也令马芳的那个信念从此异常坚定：浴血杀敌，以报国恩。

这段小传奇，也在当时明军中流传开来。许多将士都说，遇到周尚文这样的好官，算是马芳的好运气。而后来的事实证明，周尚文这么做，是给明朝赚了个大运气：马芳便是未来蒙古骑兵眼中，最恐怖的利器。

从那以后，马芳便用一连串的战功，不断给周尚文惊喜：每次打仗都冲在前头，每次打完都提几个人头回来领功。而且马芳继续爱学习，不但学同僚、上司的打法，还刻苦读兵书。马芳打仗的鬼点子也越来越多，曾经带兵抄袭阿勒坦后路，迫使侵扰大同的阿勒坦撤退，周尚文拍案叫绝，甚至当着众将的面夸奖马芳：“你将来肯定比我强。”

蒙古人害起“恐马症”

蒙受了庚戌之变奇耻大辱的明王朝终于痛下决心整顿国防，边军将领也开始大洗牌，大批昏聩的边将被撤职查办。而马芳在同年却继续送好礼：怀柔小挫了阿勒坦后，两个月后又在山西威远野马川两次设伏，同一个坑连续坑了蒙古兵，一路追杀到山西泥河，俨然一颗冉冉升起的将星。

这样的好将领，自然要提拔。很快马芳就成了正一品左都督，担任宣府游击将军。这是大明朝对抗阿勒坦的第一线。而从此手握兵权的马芳，首先面对的，就是一个流传已久的困难：明军怂包般的战斗力。

这时的明军有多怂？三个字概括：跑得快。

确切点说，明军不但有敌人的时候跑，听说敌人来了要跑，甚至没战争的和平年月，跑得也极勤快。这时的明朝，卫所制度破坏严重，边关的军屯总被侵占，士兵们战时当炮灰，平时做农奴，越发没地位，跑路的自然多，留下的却多是逃跑都没本事的。这样的战斗力，自然不靠谱。

但一直以来，马芳都是其中的另类，不但自己敢打仗，还能带着部下一起打仗。当队长的时候，他一个小队都凶猛，当千户的时候，他麾下的一千多人也都凶猛。不管多怂的兵，到他的手里，都能摔打成好兵。

而在成为宣府游击将军后，马芳也紧接着要创造另一个奇迹：把这一大群传说中怂包的士兵，变成战无不胜的铁军。

他的第一招，就是定规矩，重拾“军战连坐法”，临战之时，前军退缩，后队斩前队，专门斩孬种。顺带还搞潜伏，把心腹派到军中秘查，敢克扣军饷欺压士兵的，有一个查一个，查到就严办，天王老子说情也不顶事。他经常一次就重办几十人，甚至颁布军令，敢虐待士兵的军官，最轻也要打八十军棍。宣府的军容风纪，几下就让他整得大好。

除了对内整顿外，马芳对外则更硬：当兵不打仗，关键是没保障，军饷常被扣，拿什么去整军？这事马芳干得更狠，专挑当地皇亲国戚下手，“使唤了我的兵，给我送回来，占了我的军屯，更得给我吐出来”。最胆大的一次，马芳竟调了几百士兵，包围了当地豪强的宅院，硬是把之前大多流失的军屯，全都给抢回来。部队有了地，也就有了钱，腰包鼓了，打仗的胆气也更壮。当兵的更感激涕零：这老大没得说，跟着他冲吧。

马芳这事干得太凶悍，以至于朝中也有人揭发，好些言官骂声不断，但事实证明，在整人之前，马芳早就整好了关系。流落蒙古期间马芳练得最多的本事，除了打仗外就是拉关系。当时朝中的都御史方逢时、兵部尚书王邦瑞，都早和马芳结好，平时捅了娄子，都有人给他顶。就连当时奸得流脓的权臣严嵩之子严世藩，对这事都明白，专门叮嘱马芳的上司杨顺：“马芳这人背景深、有手腕，千万别惹他。”

而比起这些麻烦来，马芳面对的最大困难，却是两个字：习惯。明军打败仗的习惯。

这时的明军，已经输习惯了。阿勒坦打来就跑，阿勒坦撤走再杀几个老百姓冒功，早成了好些人理所当然的事。已经很少有人相信：面对这个强大的敌人和凶悍的骑兵，明军还有面对面战胜的能力。

所以即使是有点想法的边将，抗击蒙古入侵的主要办法，不是增加火器，就是修整城墙，基本全是消极防御。但是马芳却提出了一个石破天惊的方略：组建强大的骑兵军团，用阿勒坦最得意擅长的骑兵野战突袭，彻底将他打垮。

马芳不但这样想，而且一直这么做，他一直抓得最紧的，就是练兵。马芳在军中大量淘汰老弱，招募边地精壮，不惜重金通过各种渠道购买马匹。马芳甚至敞开怀抱，聘请许多蒙古降兵来做教练。还组建了一支专属于他自己特种部队：由军中百战老兵组成的“家兵”，个个都是身怀绝技的战士，专门担当突击任务。套现在的说法，这就是马家军。

而比起后来那支世界田径大赛一骑绝尘的马家军来，马芳的马家军，不但跑得快，更是打得狠。

在马芳练兵的这些年里，边境上的小仗也不少，一边练一边打，士兵的胆子也更壮。嘉靖三十四年，一场大战终于爆发了：阿勒坦故伎重演，再次率领大股骑兵军团绕道直扑北京。明朝边军一如既往的是怂包，蒙古军往哪里冲，明军就往哪逃。眼看当年兵临北京的一幕就要重演，不想阿勒坦在河北保安，碰上了马芳这个硬茬子。

这次马芳带来的便是他精心训练的两千精骑。起初蒙古军不在意，还想一口吃掉，没想到战斗打响，立刻被崩掉了门牙：这支明军不但作战生猛，打仗凶悍，而且战术极有特色，远程时火器与弓弩交错配合，肉搏战中各色长短兵器轮流招呼，就像一只攥紧的铁拳一样，一下一下猛砸阿勒坦。惨烈的战斗打了整整一天，马芳本人更身先士卒，全身受伤五处，战马被射杀。被重重砸了几下的阿勒坦，不明明军虚实，最终下令撤退。一场大祸就此消解。值得一提的是，当时多路明军闻讯增援，却不敢接战，只是远远观望，结果看到了马家军的闪亮表演。

这战打完，马芳一战成名，连嘉靖皇帝都知道了他，还给了他一个评语：勇不过马芳。敌人这边体会更深，竟送了他一个绰号“马太师”。第二年，又一支蒙古军队窜犯蓟州，已经是蓟州副总兵的马芳再次领兵出战，没想到这次却扑了个空：对方一听说是马芳来了，立刻奔走相告，然后几万蒙古军脚底抹油，撒丫子逃命。一种新型心理疾病“恐马症”，正在蒙古广泛流传。

血战阿勒坦

马芳的威猛，令蒙古骑兵越发体会深刻。但几次与阿勒坦交战，不是抽冷子打埋伏，就是抄后路。还没有过一次正面对撞的机会。两次战退阿勒坦，也是沾了阿勒坦不明军情急于撤退的光。要想真正改变明军战败的习惯，就需要在一个时间场合，狠狠打阿勒坦一次。

嘉靖四十年八月，机会来了。

这时的马芳，已是宣府副总兵，苦心打造的宣府骑兵，早已锤炼成熟。而老对头阿勒坦，作战水平也在进步：以前是长途骚扰，现在明军战斗力提升，就改重点打击。这次阿勒坦的攻击对象，是山西大同。

而马芳的情报工作已经精确到恐怖，阿勒坦一动身，马芳就知道了他的作战目标。可这事风险太大：大同不是自己的防区，自己若不去救援，也没啥责任，一旦出击失败，责任就跑不了。不打没事，打了却可能出大事。

但马芳还是毅然决定：打！不但要打，而且还要以蒙古军最擅长的方式打——骑兵出击，长途奔袭。虽然很多部下都意识到这事的严重性，纷纷劝阻。但马芳铁了心，更以大义激励部下，同时宣布政策：兄弟都在军中的，弟弟回去；父子都在军中的，父亲回去。命令颁布后，明军士兵人人感奋，争着要跟去，刀山火海，也要打这一仗。

于是这支勇敢的军队，像一支离弦的利箭一般，从宣府悄然出发了。这支军队连夜急行军五百里，凌晨抵达大同外围，成功锁定阿勒坦的主力。马芳先以“家兵”为先导，摸进阿勒坦军营里放火，只见火势大起，军营里不断有人喊着：“马太师来了！”

马芳凶猛的进攻，就这样如烈火燎原般展开：精锐的明朝骑兵前仆后继，决死冲锋，终于将阿勒坦的阵营冲乱。但突遭意外打击的阿勒坦，反应也异常迅速：立刻集结兵力，一面阻击一面撤退，硬是在马芳包围圈合拢之前，成功逃出了明军的追杀。

吃了大亏的阿勒坦还没缓过气来，马芳就狠狠地咬了上来。双方在兔儿岭、饮龙河连续接战，明军连战连捷，阿勒坦连战连退。咽不下这口气的阿勒坦又岂是吃亏的人？在败退到怀安后，阿勒坦终于找到办法：先用小部队引马芳追杀，诱到草原后大部队合围，非灭了这群不知死活的明军不可。

这计划似乎很顺利，阿勒坦一放诱饵，马芳就上钩，大部队蜂拥着扑来，果然被蒙古军包了饺子。但正在阿勒坦得意洋洋，准备收获胜利果实的时候，却又被当头一棒：马芳早已安排精锐家兵在蒙古军侧翼埋伏，阿勒坦一包围，家兵就出击，一打就把阿勒坦的军队斩成两段。这场惨烈的战役再度打了一天一夜，马芳依然奋勇冲杀，连马刀都砍卷了三把，伤亡惨重的阿勒坦终于倒在明军坚韧的意志面前，慌不迭地夺路而逃。这是一直无敌的阿勒坦在庚戌之变之后，遭受的第一场野战惨败。而这仗最大的意义，绝不是歼灭了多少人，而是向阿勒坦宣告了一个新的事实：大明的铁军，可以用任何方式击败你，包括你最擅长的骑兵。大同大捷的捷报，像长了翅膀似地飞到了北京。四十四岁的马芳，正式获封为宣府总兵。这是明代武将可以做到的最高官职。然而在这个人生顶点之上，马芳接下来要实现的，却是他筹谋已久的一个战略：先发制人。

真实版的空城计

一直以来，明朝与阿勒坦作战的剧本，都是固定的：阿勒坦来，明军防守。不是靠火器，就是靠城头，像马芳这样长途奔袭，防守反击，都算是逆天了。

但马芳要干的，却是更逆天的事：主动出击，捣毁阿勒坦的军队和大营，在敌人进攻之前，就给敌人沉重的打击。按照现代的说法，这是先发制人。

而马芳办这个事，已经有了充足的底气：他在草原度过了青春年华，熟悉那里的一草一木；他已经打造出了铁血的骑兵，完全可以面对一切惨烈的考验。更重要的一条，是他建立了一个恐怖的草原情报网：大批的密探早已潜伏在各个蒙古部落，随时可以向马芳传送情报。

于是很多瞠目结舌的场景，便越来越多地在阿勒坦身边上演：每当他准备好兵马，要大举进攻的时候，不是自家的草场被烧，就是一些部落的马匹被抢。有时候他抢得盆满钵满，准备回来庆功的时候，更发现自家的部落已经被烧成了灰。他前脚刚打完，明朝的报复性进攻后脚就打响。这些绝大多数都是马芳的杰作。

而随着战场上的连胜，马芳出击的频率越来越高，范围也越来越广，战果更越来越丰富。而且在马芳的带领下，几个边镇的明军有样学样，全跟着发动出击。闹的阿勒坦的地盘战火四起。最值得一提的一次，马芳长途奔袭四百里，打到阿勒坦的重镇兴和，不但把当地摧毁一空，更大举阅兵，耀武扬威。而周围的蒙古兵，不是跑得老远，就是躲着不打。当年阿勒坦侵扰内地的悲惨场景，马芳就这样原数奉还。

马芳的凶猛，让阿勒坦越发头疼。不过阿勒坦又找出新办法：打不过你？还躲不过你？你在的地方，我不去打不就完了？

而马芳的回答是：你不打，我就找着你打。

由此，揭开了马芳戎马生涯中最凶险的一战：马莲堡血战。

嘉靖四十五年，阿勒坦拼上十万骑兵，发动了对明朝万全右卫的进攻。这个万全右卫，号称叫铁壁，是明朝边防的重镇。一旦沦陷，整个河北都要暴露在阿勒坦的铁蹄下。

于是万全右卫告急，明王朝也反应迅速，急命固原、延绥、宣府、大同、蓟镇五大总兵驰援。而兵围万全右卫的阿勒坦，真正要等的，便是其中最精锐的马芳部。

结果马芳刚刚赶到马莲堡，蒙古优势兵力立刻就扑上来。部下建议紧急前进，到万全右卫与守军会合。马芳却知道，一旦这样做，万全右卫就是灭顶之灾。因此，马芳就地列阵，迎战敌人。

这是马芳一生里又一次以寡击众的惨烈战役，凭着毫无工事的马莲堡，明军冷静地部署防御，马芳命人列起大旗，摆出大军的架势不断挑衅敌人。多次吃过马芳亏的蒙古人，这次也学乖了，一看马芳如此高调，便判定有蹊跷。双方大军对峙一整天，蒙古军硬是不敢发动强攻。一直到了深夜，意外突然发生了：马莲堡年久失修的城墙轰然倒塌，吓得部下连忙要修缮，马芳立刻喝止，反而命令全军偃旗息鼓，战场陷入了死一般的沉寂。而闻讯的蒙古人，继续施加压力。鞑靼人擂鼓震天，摆出就要发动攻击的架势。马芳却继续淡定，反而命令部下打开马莲堡城门：要打快打。

这虚虚实实的表演，终于骗过了敌人。等到第二天清晨，早已憋了一夜的马家军奋勇杀出，将猝不及防的敌人杀得大溃，一万骑兵打十万蒙古军，竟令敌人仓皇撤退，而且跑还没跑对路线，正碰上另外几路增援明军，这下落进口袋里的蒙古军，遭到了明军多路痛打，再次尝到了战败的滋味。

而险中求胜的马芳，在这场战斗中展现的，除了过人的智慧和勇气，更有高贵的品格。战后他的部下田世威获罪，马芳主动放弃自己的赏赐，换得田世威从轻处罚。谁知几年以后，田世威反而恩将仇报，处处陷害马芳。对此马芳也毫不计较，从未打击报复。这高贵的品格，正是马家军浴血奋战的缘由。而这一段掌故，以及这场艰苦的胜利，同样也被后人写入了一部京剧名段：《困城》。

满门忠烈，儿子坑爹

嘉靖皇帝朱厚熜驾崩的时候，在马芳等新一代明军将士的浴血奋战下，北方抗击鞑靼的战事，也在往好的方面转化。

在隆庆皇帝登基后，马芳也一如既往，从宣府到大同，接连打了很多胜仗。不但多次击退阿勒坦的侵扰，还在隆庆四年上演了奇袭威宁海子的妙笔。马芳以骑兵突袭阿勒坦的老窝威宁海子，一路追杀阿勒坦数十里，差点将阿勒坦活捉，而仅鞑靼部落的首领们，被擒的就有数十人。这是马芳戎马生涯里最漂亮的一次突袭，也是最后一次。

四个月以后，阿勒坦的孙子把汉那吉因为妻子被祖父阿勒坦霸占，愤然投奔了明朝。明王朝趁热打铁，在高拱、张居正等阁臣的主持下，与阿勒坦经过谈判，终于成功招降了这位肆虐北方二十年的大对头：阿勒坦接受了明朝册封，成为大明王朝的顺义王，双方开始了互市贸易，从此再不动刀兵。这就是著名的“隆庆和议”，其伟大的意义，用一句古话就可以概括：“六十余年边民生息，遂长不识兵革矣。”

而这个伟大事件的实现，除了高拱、张居正的政治智慧，便是马芳等一代勇将的浴血奋战。正如阿勒坦自己在给明朝的奏折里所说，马芳等人打得他“边外野草尽烧，冬春人畜难过”，所谓和议，他其实是就坡下驴。

而《明史》里则清楚地记录了马芳的战功：“战膳房堡、朔州、登鹰巢、鸽子堂、龙门、万全右卫、东岭、孤山、土木、乾庄、岔道、张家堡、得胜堡、大沙滩，大小百十接，身被数十创，以少击众，未尝不大捷。擒部长数十人，斩馘无算，威名震边陲，为一时将帅冠。”

而结束了战争的马芳，到了张居正当国的万历年间，却被御史吴百朋弹劾，落得免职闲住的下场。马芳人生最大的挫折，没输在战场上，却输在官场上。

而在这悲情岁月里，及时无私“帮助”了他的，竟然是老对头阿勒坦。万历五年，阿勒坦老毛病又犯了，向明朝狮子大开口要钱，说不给赏赐就要闹事。明朝反应迅速，命正在家憋气的马芳复职，重任宣府总兵。之后马芳带领精兵，高扬着马字战旗。在草原上优哉游哉地晃了几圈，蒙古人吓得奔走相告，说当年恐怖的马太师又打回来了。得到消息的阿勒坦大惊，连忙给明朝上奏折认错。一场兵祸，就此解决。

四年之后，征战一生的马芳，终于闭上了疲劳的眼睛。马芳临终前最后的遗言，是把自己的遗骨，葬在大同北面的新平堡。这是他当年从蒙古草原逃回来后，最早在军中做队长的地方。这个选择，便是一个军人对于戎马生涯的最好纪念。

但一生战功卓著的马芳最没有想到的是他的光辉功劳竟抵不过一个坑爹的儿子。宝贝儿子马林，靠着老爹的功勋，轻轻松松一路晋升。明明只是个文不成、武不就的浪荡子，竟也混到了总兵。谁知后来努尔哈赤起兵，让这个水货彻底现形：著名的萨尔浒大战中，正是由于马林的指挥不力，造成了尚间崖一战惨败。

所以入清以后，愚蠢的马林成了后人的笑柄，反而盖过了铁血的父亲。同样被掩盖的，还有马家的满门忠烈：马芳的孙子马燃和马灼都殉国在辽东战场，小孙子马旷最有才华，曾被看做明朝崇祯年间最有潜力的将星。但甘州一战，孤军奋战的他最终殉难在农民军贺锦之手。从萨尔浒之战到明朝灭亡，马家祖孙三代为国捐躯的男人多达七人，大明的顽强与不屈，这些满门忠烈正是缩影。

明朝巨贪宦官刘瑾的发迹路

有人给中国历史上的贪官按照财产数额做了个排名，第一没有悬念，当属清代的和珅。而荣居亚军的，就是明朝的太监刘瑾。

说起刘瑾这个人，武侠迷们可能了解更多一些，像二十世纪八九十年代几部香港武侠片里，他都是反派大头目，不但下手狠而且武功高，做事横行霸道，甚至把皇帝都拿捏在手里，特别地招观众恨。

历史上的刘瑾也是个出名的坏人，身为太监却把持朝政排斥异己，名声从来恶得很，钱财更从来不少捞。那么真实的他，到底有没有传说中这么极品呢?

说到这位中国历史上第二巨贪的人生，就要说到明代政治的一大著名景象："宦官专权"。

但实事求是地说，明朝"宦官专权"跟前代特别是汉唐，还是有本质不同。汉唐宦官最嚣张者，可以不拿皇帝当干粮，甚至操纵皇位废立更替，拿捏帝王如玩偶。放在明朝，这类逆天的景象完全绝迹，明朝的宦官，不论百官面前如何威风，皇帝面前，永远只能是乖奴才，所谓耀武扬威，不过狐假虎威。

之所以有这个区别，还是因为明朝中央集权制度设计得太聪明。各部门的要害权力完全拆分，彼此互相制约，确保皇权稳定。好比层层防火墙，阻止汉唐教训重演。

在这制度下，明朝宦官能做到的最高境界，也只能是狐假虎威。有明一代，这样足够厉害的“狐狸”总共有三只：明英宗正统年间的太监王振、明武宗正德年间的太监刘瑾、明熹宗天启年间的太监魏忠贤。这三位，也常被称为“三大权阉”。

而这三位“权阉”，论作为，都是坏事做绝；论名声，清一色地遗臭万年。但其中的一位，死后却不乏肯定之辞，甚至部分民间戏曲里，还把他塑造成“青天大老爷”的形象。这位特殊人物，便是刘瑾。

胸怀大志小宦官

刘瑾本姓谈，出生于景泰元年（1451年），陕西兴平人，大约六岁以前，被一刘姓太监收为养子，因而改名换姓，净身入宫，做了乾清宫的一个“答应”（杂役）。

这样的身世，在明朝宦官里很普通，之后一晃四十年，从景泰年间一直到弘治年间，眼看岁数奔五，刘瑾的状况依旧十分普通，只是个默默无闻的小人物。

这段时间刘瑾的具体生活，史料上没讲，却不难猜：小孩子起做杂役，就是吃苦受罪的命，被人吆五喝六不说，挨打受辱更是家常便饭。既然一直很普通，也就一直这样过。

这种苦日子的后果，反映在刘瑾身上很明显：挨打多了，就很扛打；受辱多了，脸皮也厚；被整治得多，不但整人的手段无师自通，而且还落下心理阴影，心胸极其狭窄，看谁都像害自己，心态十分阴暗。

而这样性情的刘瑾，最大的不普通之处，就是竟然有丰满的理想：以正统年间权倾朝野，闹出土木堡惨祸的王振为偶像，做宦官，就得活成王振那样。

但现实却无比骨感，怀着这样的理想，刘瑾早早就钻营，但结果却无比悲惨，不但没成果，还尽找倒霉。《中官考五》里说，弘治年间刘瑾本攀附上大太监李广，眼看要提拔重用，谁知李广突然猝死，紧接着被清算，刘瑾也惨被陪绑，发配南京劳改，好不容易赦免回来，安排到乾清宫看门，却又碰上失火，事后被追责问罪，差点被砍头。

人生如此失败，刘瑾自己也常伤感。《震泽纪闻》里说，那时刘瑾每当想起现实潦倒，就恨得咬牙切齿。生活，就在这样的叹息中，苦熬着一年年度过。

但即使在这般灰暗的岁月里，刘瑾却也悄然体现出两样可怕的能力。甚至不夸张地说，后来他的横空出世，操纵权柄，就是拜此所赐。

第一个能力，是情商。

刘瑾情商高，听他说话就知道，一张嘴向来能说，逮着生人，三言两句就能聊熟，这本事早名声在外，人送绰号“利嘴刘”。察言观色的功夫，刘瑾早修炼得炉火纯青。正是凭这本事，多年来刘瑾人生失败，朋友却不少交，走到哪儿都有熟人，关系网极其广。

比情商更可怕的，却是刘瑾的见识。

刘瑾是个聪明人，每次钻营失败，都会耐心总结教训。刘瑾更日益拥有了一个可怕的本事：无论多么复杂的局面，都能迅速找到事物的关键点，果断一击命中，扭转乾坤。这本事在他不起眼的这四十年里，就显然起过作用。他犯的几个事，好些都是必死的罪，最终却安然脱险，怎么做到的，说法五花八门，却都来自这个独特本事。

而在不久的将来，那次命运攸关的博弈中，也正是刘瑾的这项本事，关键时刻发作，从而奇迹般翻盘，奠定"权阉"地位。

虽然这事还是后话，但在当时，悄然有这两样本事的刘瑾，早不再是小人物这样简单，内心早已进化成权力动物，给点阳光就能灿烂，继而张开血盆大口。

而就在刘瑾人生最黑暗的时刻，阳光来了：得侍武宗东宫。也就是陪后来的明武宗，当时的太子朱厚照读书。

这事对刘瑾来说，真可谓是天上掉馅饼。但同时被这馅饼砸着的，不止刘瑾一个，相反是一群宦官。

仅说其中几位，就知道这些人来头有多大：高凤，内书堂出身的老知识分子，宦官里少有的文化人；罗祥，成化年间就是御用监总管，品级极其高；张永，后来更鼎鼎大名，单说军事水平，跟诸多武将比都不差。另外丘聚、魏彬、马永成、谷大用，各个也不是善茬。比较之下，反而是刘瑾最没竞争力。

然而就在刘瑾侍候朱厚照后，奇特的一幕很快就发生了：上面提到的这几位厉害的宦官，很快就拜服在刘瑾脚下，还自愿聚拢在他身边，以刘瑾为领袖，形成了明朝历史上一个赫赫有名的太监团队——“八虎”集团。更奇特的还在后面，十来岁的小太子朱厚照，丝毫不管啥代沟，偏对半老头子刘瑾宠得不行，连平日里的玩耍取乐，也常叫上他，刘瑾很快成了朱厚照的心腹。

之所以如此奇特，还是靠了刘瑾这两样本事：情商高、察言观色有一手。无论是拉拢同事，还是取悦小太子，刘瑾都是手拿把攥。小太子朱厚照天生崇尚武力、喜好玩闹，脾气被摸透；小太子平日的骑马、打猎、摔跤等游戏项目，件件都是刘瑾策划；小太子玩得极其过瘾，自然对刘瑾宠爱有加。刘瑾的地位扶摇直上，不但是朱厚照身边最得宠的宦官，更是一群宦官的核心领袖。就这样太子宠着、同僚捧着，苦了大半辈子的刘瑾，一生的钻营，终于第一次见着了曙光。

弘治十八年（1505年）五月初七，明孝宗朱祐樘驾崩，十五岁的太子朱厚照即位，次年改年号正德。这位正德皇帝，便是历史上赫赫有名的荒唐天子：明武宗。

刘瑾差不多黑暗了一辈子的前途，就此光芒万丈。

绝地反击抓大权

按照公历算，明武宗登基的月份，是六月，恰是渐热的初夏，刘瑾的权势也如这季节般，越发变得火热。刘瑾做了内宫监总管，管宫廷营造和器皿制作的肥缺，接着又总督团营，宦官之中，已然位高权重。

但刘瑾对此却不满足，他的人生偶像是王振，要想到达偶像的境界，至少要先拿下宦官中的最高权位：司礼监掌印太监。

这事的操作难度，不是一般的大。明朝自土木堡惨祸后，一直到刘瑾之前，国家权力其实是“双轮制”。也就是皇权之下，管批红的司礼监和管票拟的内阁，权力相互制约。所以想要坐上这个位置，皇帝宠信必须有，内阁的支持也不可缺。

当时司礼监的掌印太监是李荣，实际掌权太监是王岳，李荣是抱着明武宗长大的，王岳则是业务能力强，对比看来，刘瑾就不靠谱了，跟文臣打交道少，文化水平又不高，哪样也不成。

但刘瑾却偏选了另一条路：不用内阁支持，仅凭皇帝宠爱，不但要把持司礼监大权，更要完全压服内阁。以他对马永成的话说，就是一旦进入司礼监，必然令“科道结舌，文臣拱手”。

这想法在当时可谓疯狂，但刘瑾真付诸行动了，第一步，就是继续争得明武宗的宠信。

一直以来，明武宗虽然宠信刘瑾，但还是拿他当个老保姆。令明武宗对刘瑾刮目相看的，却是一件事。明孝宗临终前，遗嘱召回各地镇守太监，明武宗登基后，却是刘瑾给揭了底。刘瑾告诉明武宗，所谓镇守太监，以往都是司礼监委派，任命一个镇守太监，就要收大笔好处。现在既然要召回，不妨就由皇帝亲自再派一批，任命一个，就收两三万白银的好处费，管保发财。

这事一办，小皇帝明武宗乐开了花，真是见识了刘瑾的能量。所谓“帝欢乐之，渐信用瑾”，正是起于此时。

但同样的，从此以后，刘瑾在群臣眼里，算是彻底挂了号，而且他更招群臣恨的事，则和明武宗的荒唐有关。

明武宗这人，天资极其聪颖，但就贪玩这条成了大毛病。明武宗登基即位正经了没几天，顽童本色发作，继续变本加厉地玩。刘瑾及其“八虎”党羽们，也就顺水推舟，甚至后宫里开集市卖东西，陪着皇帝演小品，玩做买卖的游戏，内容十分丰富。

如此一来，群臣们几乎气疯了。正德初年的大臣，基本都是明孝宗留下的老班底，正直士大夫居多，臣子们看小皇帝，就跟家里长辈看小孩子不学好一样，真是急火攻心，带着小皇帝不学好的刘瑾，当然更被恨死。先是御史言官们上奏，接着尚书们也上奏，到后来内阁大学士们也上奏，内容基本一致，直指刘瑾等“八虎”，好比一通乱拳轮流砸过来。

这样的情景，从明武宗登基早期就开始，一直到第二年（1506年）十月前，从来都没消停，基本就是大臣骂、刘瑾躲、明武宗敷衍，玩乐人生照样继续。但到了这年十月，一场惊心策划的组合拳风暴，却冲刘瑾呼啸而来。

这场风暴的策动人，是内阁阁老刘健、谢迁、李东阳三位，外加户部尚书韩文为首的六部九卿高官们。组合拳的第一步是个虚招，由五官监侯杨源出招，上奏警告“天变”。也就是皇帝宠信刘瑾，老天爷都不愿意，再不改正就招灾，结果是“帝意颇动”，真把皇帝唬着了。

第二步是实招，左右两摆拳，一拳内阁打，刘健、谢迁、李东阳三人上奏，要求处死刘瑾等人。还没等明武宗反应过来，另一重拳就打过来了：户部尚书韩文领衔六部九卿上奏，奏折更由当时文学家李梦阳起草，把刘瑾形容成东汉宦官十常侍。这招效果更好，明武宗震惊不已，甚至“惊泣不食”，真是动摇了。

消息传来，刘瑾立马就惊了，连忙召集其他几位“八虎”成员开会讨论，但商量半天，讨论会却开成了哭丧会，八人自感大祸临头，纷纷痛哭。

群臣压力之下，明武宗只得服软，派司礼监太监李荣和王岳，接连几次去内阁传旨，意思是皇帝和刘瑾等人感情深，这几个人能否晚点处理？

但刘瑾最大的危机这时才开始，他对司礼监的野心，司礼监的几位实权人物早知道，王岳传了几次旨，回来就放暗箭，苦口婆心劝皇帝：刘瑾不是个好玩意儿，大臣们是好心，不杀刘瑾，群臣寒心，谁还肯给皇帝卖命，皇帝就从了吧。

几次三番劝说下，明武宗的心理防线终于彻底崩溃，到临近晚上的时候，总算放话缴械：第二天早晨，就除掉刘瑾等人。

如此一来，刘瑾的灭顶之灾已然降临。群臣威逼，司礼监推波助澜，皇帝缴械，第二天早晨收拾他们就是个走过场的事。而对这一切，刘瑾等人却还浑然不知，眼看着稀里糊涂就要被送上法场。

就在这千钧一发时刻，刘瑾常年经营的人脉终于起作用了。吏部尚书焦芳是刘瑾的死党，危急关头，火速派人送信：

别等死了，快想办法吧！

但事情到这里，依然毫无回旋余地，于是刘瑾的党羽听了继续哭，刘瑾却笑了：文官集团这次精心策划的气势磅礴的攻击，已然暴露了最大的漏洞。

针对这个软肋，刘瑾做出了最冒险的决定：率领“八虎”连夜求见明武宗，求他回心转意。

于是明朝历史上著名的一幕上演了：白天被吵到头炸的明武宗，晚上饮宴解闷，刘瑾等“八虎”突然求见，进门就呼啦啦跪一地，然后集体嚎哭，哭得明武宗也心软，紧接着刘瑾抓住机会，说出了一句话，就是这关键一句，立刻扭转了眼看到悬崖边的局势。

“害奴等者王岳！”

这话看着奇怪，怎么账却算在王太监头上？明武宗也莫名其妙，接着刘瑾详细分析，揭了王岳好些老底，最后得出结论：这老太监和内阁重臣们，其实早有勾结。

这事一咬定，后果就不一样了。对于明朝皇帝来说，大臣攻击宦官，很正常；宦官反咬大臣，也很正常。但唯独宦官大臣勾结，特别是掌握行政审核大权的司礼监太监，竟和内阁大臣勾结，这就极不正常。这两个部门是皇权下的“双轮”，两者若狼狈为奸，皇帝岂不要惨？

于是本来已经被闹怕了的明武宗，这下彻底被闹怒了，当场发飙，骂王岳吃里扒外。紧接着刘瑾又扔出一颗重磅炸弹：这群大臣敢嚷嚷，就是因为司礼监没皇上您的人，要是我们几个掌管司礼监，保证他们全老实。

明武宗一直憋着的怒火彻底反弹，立刻下令行动，刘瑾当场获得任命：司礼监太监。另外谷大用管东厂，张永抓御马监。三大宦官要害部门，一下全归了“八虎”。明武宗更下令连夜抓捕王岳，流放南京劳改，几天后又派人追杀，王岳死在路上。眨眼之间，局势逆转。

等到第二天早朝，原本斗志昂扬的群臣们，立刻看到了惊人一幕：之前可怜巴巴求活路、被追逼得没处躲的“八虎”，正人五人六地招摇。王岳获罪流放的消息，更当场宣布。这场煞费苦心的进攻，竟然就这样被刘瑾绝杀了。

就这样，群臣的攻势给打压下来，之前告密的焦芳也得到回报，得以晋升内阁大学士。这事很关键，原本和司礼监互相制约的内阁，这下唯刘瑾马首是瞻。虽然名义上的司礼监掌印太监依然还是李荣，但这人本事不大，王岳在时就是傀儡，到了正德三年（1508年）六月，刘瑾干脆逼李荣退休，直接取而代之。

就这样，经过一场赌博式逆袭，刘瑾奇迹般成功了，真是达到了他偶像王振曾经的级别：一人之下，万人之上，呼风唤雨，谁敢不从。

独霸朝野真凶横

正德元年（1506年）十月这场政治风暴落幕后，明朝政治也就进入了一个时期：刘瑾专权时期。

自从专权后，刘瑾也越发威风。先是穷追猛打整人，逼走了刘健等阁老，撤了韩文等人的职，凡是先前骂过他的官员，基本都不放过。连小官也倒霉，南京给事中戴铣等二十一位言官，更被集体杖责，为首的戴铣被当场打死，一大批牵涉其中的官员，轻的挨打，重的流放、充军、入狱，恶整了好些人。

说句题外话，戴铣被杖责致死事件中，一个三十四岁的年轻主事也愤然上书，结果先被刘瑾暴打，又降职发配贵州龙场。其后此人在贵州专心治学，竟成后来一代儒学圣人——王阳明。整人整出个圣人，也算刘瑾的“意外贡献”。

在整人这事上，刘瑾一向积极性高，除了权力斗争需要外，他个人性格狭隘，手段毒辣，素来睚眦必报。不赶尽杀绝，一般不罢休。

为了这事，刘瑾还特意发明了一样刑罚：造了一种一百多斤的大枷，犯错的就戴上示众，锁得奄奄一息后才是流放充军。倒这霉的，前后有近百官员，大多都是小官。刘瑾威风要够了，名声自然也更臭。

而在几次恶整后，刘瑾也早已威风八面，就连上朝的时候，群臣拜完皇帝，接着还要拜他。京城的王公贵族，见他都要磕头。刘瑾甚至和皇帝一样有“名讳”，公文里只能称“刘太监”。一次都察院的奏疏里不小心犯了刘瑾名讳，吓得都御史屠庸带着下属们跪了一片，让刘瑾骂得狗血淋头。更“壮观”的还在后头，正德二年（1507年）三月，刘瑾把文武百官叫到金水桥罚跪，宣读“奸党”名单，把谢迁等五十多名官员列为奸党。第二年七月，因为有人写匿名信骂刘瑾，刘瑾闻讯大怒，又把三百多名官员弄到奉天门外罚跪，大夏天日头下，当场渴死四人。刘瑾的气焰极为嚣张。

而且为了抓权，刘瑾在情报工作上也不放松，开设了“内行厂”。这个特务组织有不但监视官员百姓，连同事都不放过，东厂和西厂两大特务机关也都在监视之列。好些无辜百姓获罪，不少大臣被恶治。就连东厂和西厂的好些老特务，也都连带着被整。官愤、民愤甚至特务愤，都闹得极大。

除了要威风外，刘瑾好处也不少捞，贪污腐败更是折腾得厉害，朝廷的官职都能买，地方官进京办事，京官出去办差，都得给他送孝敬，最少两万两。刘瑾美其名曰“常例”，闹得很多官员没钱，只能先找京城有钱人借，捞完后再还。如此一来，腐败也就恶性循环。甚至有个官员因为交不起钱，竟上吊自杀。

而刘瑾自己也明白，执掌司礼监，不止要耍威风，要想确保威风，工作更要保证。

在这件事上，刘瑾很有办法，先是继续哄明武宗，每次都趁着明武宗耍乐的时候请示工作，结果明武宗大怒，说：“我用你干嘛，这点小事你看着办。”此等招数，后来的魏忠贤也照搬，确实很好用。

但刘瑾也知道，国家大事这玩意，要他亲自办，肯定玩不转。必须说，在这点上，刘瑾很有水平。

自从刘瑾“看着办”后，明朝的政务运转，就变成了这种样子：奏折报上来，拿回刘瑾家，先由刘瑾的师爷张文冕以及妹夫孙聪等人商议，经刘瑾点头后批复，在经过内阁心腹焦芳润色后，交给百官办理。先前明朝的“双轮制”，就此彻底打乱。

这么搞了几年，朝政办了不少，好些竟然是雷事。比如勒令京城没户口的暂住人口，期限内全都要搬家；全国的寡妇更要勒令改嫁；家里有人过世，来不及埋葬的就得立刻火葬。这几件事，纯粹损人不利己，闹得上千京城暂住人口，主要是店铺伙计、佣工，竟然聚集在京郊闹事，扬言要杀了刘瑾。一直嚣张的刘瑾，给吓得不行，只好处理了几个领头的草草了事。

日久天长，刘瑾也搞明白了：焦芳虽然听话，但除了整同僚外，凡事就会依附；至于张师爷和孙妹夫，更是小官吏出身，处理不了大场面。遇到大事，真得有个能帮着出主意的。

很快刘瑾就找到了一个这样的人物：张彩。

比起焦芳来，张彩确有真本事，此人和刘瑾同乡，弘治三年（1490年）就中了进士，相貌英俊，从政务到军事都有一套本领，举手投足都是名臣风范。以至于刘瑾第一次见，就忍不住仰慕，当场拉着手喊："子神人也。"

但这位张神人，其实也不是好货，而且十分好色，竟然公开霸占同僚下属的老婆。这缺德角色跟刘瑾凑一块，却真是般配。正德二年（1507年），张彩经焦芳举荐，做了吏部文选司郎中，两年后焦芳退休，张彩更接了焦芳吏部尚书的要职。平时刘瑾在家办公，一群文武大臣在外厅等，唯独张彩不慌不忙，在内厅陪刘瑾喝酒，俨然是刘瑾最亲近心腹。

事实证明，这次刘瑾真没看走眼。作为一个老于世故的官僚，张彩最大的价值，就是帮刘瑾搞政绩。

这其中最大的一个政绩，竟然是反腐败。张彩一下就瞧出刘瑾捞钱的最大漏洞："常例"看似来钱快，但送钱的都不傻，正好打着这个名头捞钱，送给刘瑾两万两白银，留自己腰包更不知道多少。他们来发财，刘瑾背黑锅。这么一番开导，刘瑾恍然大悟，立刻卷起袖子：反腐！

这样一反腐，效果明显，打掉了几个出名的贪官。比如以贪婪著称的江西布政使马龙，素来横暴、甚至还经常绑票老百姓捞钱的苏州知府鲍撵，擅搞司法腐败的山东参政张镇，统统被逮捕问罪，一时大快人心。当然落马贪官的财产，也都进了刘瑾的腰包，说到底，还是借着反腐败搞腐败。

而更让贪官们叫苦连天的，是与反腐同时跟进的另一个政绩：查盘。

所谓查盘，就是对明朝地方上的府库、粮仓、草场，进行定期查账。这一制度发展到正德年间，早已荒废，好些官员借此中饱私囊。出了事还没人负责，比如正德初年，查盘宁夏粮草，发现问题极多，但相关官员要么辞职，要么病故，结果不了了之。

对这严重的问题，刘瑾出手更狠：只要查出问题，不但在职官员追责，离职官员也跑不了，前后抓了四十多人，查出短缺多少粮草，就由相关官员按责任赔付，赔完了更要交罚款，弄的诸多贪官们，就算赔得起，也大多罚不起。贪官们有家产的充公，充完了还不够数的，子子孙孙接着赔。好些个贪官，就这样整得家破人亡。

这事按说是个好事，但盘查完了的留存钱粮，基本都解送京城，其实就是送进刘瑾自家腰包。刘瑾又搞政绩又捞钱，外带借着盘查风暴，大肆栽赃陷害，恶整了不少政敌，可谓一举三得。这样一来一个直接的后果，就是好些地方府库钱粮无存，碰上闹灾打仗，甚至无钱可用。

搞了几样政绩工程的刘瑾，好些事情上也露出另外一面。当年群臣发动攻击，奏折起草人是明朝大文豪李梦阳，事后刘瑾报复，将李梦阳问罪下狱。危急时刻，刘瑾素来仰慕的一位文学家康海，不顾个人荣辱登门求情。这把刘瑾乐坏了，喜得光着脚跑来迎接，随后爽快地放李梦阳出狱。五年后，刘瑾垮台倒霉，康海也被株连，惨被削职为民。而昔日被康海救过的李梦阳，反而落井下石，给康海泼脏水。两相对比，“权阉”倒比“文豪”可爱。

而即使在日常政务上，刘瑾有时也可爱。焦芳在内阁时，他儿子焦黄中考科举，自诩能当状元，谁知主考大学士李东阳公平，只给他个二甲，气得焦芳找刘瑾告状。刘瑾得知立刻发火：“你儿子那天在我家作诗，吭哧一首《石榴》，水平非常拙劣，给他个二甲就不错了，别得便宜卖乖。”

如上事迹，在刘瑾嚣张跋扈的年月里，着实也不少。特别是随着他权位日益稳固，这类事也渐多。这个早年的权力动物，此时已进化成老辣圆熟的权奸。

灰飞烟灭弹指间

一直以来，刘瑾的成功经验，总结下来就是八个字：看事够准，办事够狠。也因为长期以来太过顺利，刘瑾也把这工作方式当做成功的不二法宝。这工作方式终于在刘瑾权力如日中天的正德五年（1510年）惹出来大麻烦，以至刘瑾苦心经营的权势，顷刻土崩瓦解。

这麻烦，得从一个人说起：“八虎”里的老朋友张永。

张永和刘瑾本是过命的交情，但随着刘瑾权势滔天，这亲密交情也出了问题：张永虽然坏事也做过，但比较有原则。比起刘瑾来，张永却较守规矩，经济上更“不私毫末”。太监中间，张永算是个廉洁人物。

眼看着刘瑾越来越横行，比较守规矩的张永也看不过去，他是个武将脾气，看不惯就说。刘瑾又是小心眼，听了就生气，常给张永找麻烦，据说就连张永的部下，都曾被抓到内行厂拷问。刘张二人关系眼看就掰了。

而刘张二人关系恶化的另一原因是张永能耐强，也得宠。刘瑾之下，张永属于威胁最大的同行。在刘瑾看来，这威胁得早解决。刘瑾瞅准机会找明武宗进言，想把张永平调到南京去。这是个软刀子，先调离权力中心，管你多得宠，慢慢就被边缘化。

但这次软刀子碰硬茬，张永哪里好惹，闻讯后立刻找明武宗闹，还当着明武宗面，揪住刘瑾就暴打。虽然在明武宗主持下，两人表面和好，但仇算是结下了。

但这事在刘瑾看来，不过是个小麻烦。接下来他惹的却是一个天大的麻烦：土地清丈。

土地清丈这事也是明朝的老问题了。自从明中期起，土地兼并越演越烈，大量土地被权贵占用，国家农业税减少，农民流离失所，到了明武宗这时，问题已极其严重，理论上说，必须重新清丈。

但这事可操作难度太大，圈占土地的，都不是一般人，各方利益勾搭连环，从中央到地方，情况极为复杂。但刘瑾却偏瞧准这事：别人办不了，我还办不了？

为了完成这个大政绩，刘瑾一直在努力，从正德二年（1507年）起，开始在京郊和河南、山东、直隶等地，先后试点了九次。这一过程倒也清查出不少土地，仅山东一地，查出来的军屯土地，就比永乐年间多了一万多顷，成果极其显著。

眼看节节胜利，刘瑾也决心搞把大的，这次他连张彩的苦劝也不听，正德四年（1509年）八月正式下令，全国范围大面积清丈，主要对象是北方边境各省的军屯。各地分派亲信官员前往，期限内必须完成任务。

这一闹，就不得了。外带刘瑾派去的爪牙们，一心想着交差，还想顺手发财，专门欺压勒索普通军户。先是辽东的锦州、义州两地发生了军户兵变，连府衙都烧了。紧接着军事重镇宁夏更爆出大麻烦。刘瑾的爪牙周东在当地欺压军户，拷打军属，惹得边军众怒。早有野心的安化王朱寘鐇趁机拉拢，勾结当地都指挥何锦于正德五年（1510年）四月二十三日起事，先杀当地巡抚、总兵，继而檄文传告天下，历数刘瑾十七条大罪，宣称要“清君侧”，正式扯旗造反，史称“安化王之乱”。

这下闹大了，刘瑾闻讯也吓坏了，好在还把持司礼监，赶快把历数他罪状的檄文藏起来。但在他看来，这事也好交代，只要迅速平乱，恢复秩序，就能瞒哄过去。但平乱是个技术活，一般人干不了，最合适的两人却都和他有仇：一个是感情破裂的老哥们张永，一个是当年的三边总制，被刘瑾恶整过的名将杨一清。但局势危急，有仇也只好用。于是刘瑾忍下一口气：杨一清提督军务，张永总督，率领平叛大军出征，先解决眼下事再说。

然而万没想到，这场雷声大的叛乱，到头却雨点小，平叛大军还没出发，安化王之流就早被宁夏副总兵仇钺扫平。后面的事，更让刘瑾始料未及。杨一清和张永这一路，仗没怎么打，关系却没少拉，稳定宁夏当地秩序后，更是经过密谈，定下了诛刘瑾的大计。八月十五日张永凯旋，刘瑾的末日，眼看就要到了。

刘瑾的败亡，是从张永凯旋开始的。刘瑾千防万防，就怕张永趁机说坏话。明武宗晚上摆酒宴，拉二人一道庆贺，刘瑾一开始还作陪，但眼看张永快喝醉，又赶上自家兄长过世，次日还要出殡，实在不能跟着耗，只能先退席回家。刘瑾前脚刚走，本来装醉的张永立刻恢复本色，忙按和杨一清商量好的，火速拿出安化王叛乱的檄文，一口咬定刘瑾谋反。起初明武宗还没当回事，随口敷衍几句，但张永决心坚定，连哭带求，一声怒吼，瞬间打中明武宗要害："刘瑾取天下，置陛下于何地！"一下子明武宗猛醒，刘瑾的下场，也就注定。

跟当年逮捕王岳一样，这次明武宗也是火速行动，当天晚上就由张永率领禁军，火速将刘瑾逮捕，暂时关押在菜厂等候处理。消息好比重磅炸弹，大街小巷全议论这事，城里更大批骑兵巡逻，防止刘瑾党羽生变，气氛极为紧张。

但大难临头，刘瑾却还不紧张。情商极高的他，太了解明武宗。果然查了几天，一看刘瑾除了贪污腐败，也没其他罪，明武宗也不落忍，听说刘瑾在牢里冻得没衣服穿，又特意送了几百件衣服，还允许刘瑾家人探监。这下刘瑾放心了，甚至得意洋洋地向来探监的家人说："我这次最差，也能当个富贵太监，死不了。"

但刘瑾千算万算，反而漏算了一条：他这些年太过专横，树敌极多，眼看这次他落到井里，立刻跟着扔石头。而杨一清与张永事先的密谋，也紧跟着继续。在杨一清老同窗李东阳的策动下，六部六科外加十三道御史集体上奏弹劾刘瑾。这还不算，抄家更抄出了新结果：刘瑾家搜出了自制的龙袍玉玺，更有上千盔甲武器，他要造反！

这件事，算是彻底击碎了明武宗的心理防线，原本还念感情，这下铁面无情，当场破口大骂："这奴才果然要造反。"后面的事情，就按照谋反罪来办了：刘瑾先从菜厂转到监狱，然后百官集体会审，坐实了谋反大罪，给判了凌迟处死。三天行刑期间，他常年的胡作非为，这下遭了报应，身上剐下的每块肉，都被围观百姓抢光，争着咬一口解恨。这位权倾天下五年的明朝"权阉"，就这样彻底倒台。

刘瑾谋反这事，后来清朝人编修《明史》的时候，基本照单全收。但在明朝当时，很多史学家也都提出怀疑。最大的疑点是，在刘瑾被逮捕后的第一次抄家时，除了金银财宝外，并没有什么重量级发现。但当明武宗露出对刘瑾的不忍后，诸如盔甲兵器、龙袍玉玺，各种意外收获一股脑都来了。随之而来的，是明朝官场又一次大清洗，被划为刘瑾一党，遭到革职流放的，多达六十多名官员，特别是从内阁到六部，几乎一扫光。特别是帮刘瑾搞政绩的张彩，先被清算逮捕，后来死于牢狱中。

而对刘瑾一生的恶行，最没争议的，就是腐败这条：抄出来的家产数目惊人，具体数额却争议很大。这笔财富也直接充了公，大多搬运到明武宗的私人“豹房”里。当然部分也惠顾了老百姓。正德六年（1511年），经新科进士柴奇奏议，明朝大规模整修瓦浦等地的水利工程，所用的经费，正是抄没的刘瑾家产。

恶行昭著的刘瑾，即使在明朝当时以及后来却也得到了一丝肯定，特别是他的几样政绩工程，比如盘查反腐这条，成了明朝反腐的一项重要手段。清理边境屯田这事，虽然他干得失败，但意义同样重大。明朝学问家薛应旗就曾感慨，对刘瑾的这些成就，确实不能“因人而废言”。

而多次祸害老百姓的刘瑾，也难得办了一件好事。这件好事，更被写入了京剧《法门寺》中。当年他陪太后去法门寺进香，路遇民女宋巧娇喊冤，偏巧刘瑾想在太后面前露一手，立刻现场办公，不但审清冤案，更做主宋巧娇与秀才傅朋婚配。这件美事就是京剧《法门寺》的故事原型，刘瑾在剧中，也成了“青天大老爷”形象。剧中那段唱词“不是一番寒彻骨，怎得梅花透鼻香”，今日已成爱情箴言，却正出自这“权阉”之口。

明朝“好官”严嵩的堕落史

嘉靖皇帝朱厚熜登基后，一场“大礼之争”足足闹腾了十八年，直到嘉靖十七年（1538年）九月十二日，朱厚熜生父兴献王被追尊为“文献皇帝”，以帝王身份享受太庙祭祀供奉，名分待遇全有了，这才算消停。

在这件事上，朱厚熜的态度很较真，斗志也一直昂扬，而心里的小算盘更早打得精：表面争的是老爹的名分，其实争的是权力。他要挑战的，是明朝一个世纪来的行政传统。

嘉靖皇帝的小算盘

自从宣德年间起，明朝的最高权力，就形成了三角体制。皇权之下，文官集团与宦官集团互相制衡。特别是文官集团，随着内阁制度的成熟，不但话语权越发大，而且对皇权更形成制约。而同属文官集团的言官势力，话语权也水涨船高。

而这样的行政传统，朱厚熜却嗤之以鼻。在他眼里，什么文官、宦官，什么内阁、都察院、司礼监，统统都是皇帝的奴才，老老实实听话就行。国家大事，就听着皇帝（他本人）乾纲独断，大家认真执行，天下就能太平。

本着这样的目标，朱厚熜一直在有所动作：先是宦官集团被打压，司礼监实权削弱，完全成了摆设，各地镇守太监更被召回裁撤。内阁有了密封专奏权，看似权力提升，但几任阁臣，都被皇帝牢牢拿捏在手。言官集团最惨，谁写奏折触怒了皇帝，不是被打得死去活来，就是被贬官到荒远地方。嘉靖年间因言获罪的言官们，前后竟有几十位，基本处于失语状态。

而尤其厉害的，是朱厚熜的政治手腕，驾驭臣子就像逗弄蛐蛐，由着大臣们互相掐，然后根据利益需要搭把手，政治斗争一直热闹，他自己稳坐皇位看风景，权力游戏玩得不亦乐乎。

在这样一番治理下，治国成就斐然。朱厚熜执政的前半段，是明朝极其繁荣的时代，国家财政稳定，储备充足，每年富余白银五百多万两，粮草足够支用十年。民间经济也富庶，东南地区商品经济蓬勃发展。从嘉靖四年（1525年）起，明朝宣课司正式改以白银收税，此举的结果，就是白银正式成为法定货币，经济意义重大。

而这时期意义最深远的，无疑是文化成就。《三国演义》和《水浒传》两部名著得以刊刻发行，《西游记》和《金瓶梅》也在这一时期问世；阳明心学广为传播，流派纵横。此外，戏曲、绘画乃至科学方面，都是巨匠云集。李开先、李时珍、徐文长等一连串流光溢彩的姓名，见证这个自由开放的文化盛世。

综合上述成就，心机深厚的朱厚熜，以其圆熟的政治手段，成功缔造了一个国富民强、文化繁荣的大明帝国，以帝王业绩论，相当出色。

然而从朱厚熜执政的后半段起，这个一度繁荣的大明帝国，却突然遭遇了剧烈震荡，国事一路转衰。北方鞑靼肆意侵扰，东南倭寇越演越烈，外加财政近乎崩溃，地方民变四起，内忧外患水深火热，到朱厚熜过世时的嘉靖四十五年（1566年），几乎到了一塌糊涂的地步。按照同年直臣海瑞《治安疏》中的评价，老百姓早已家家穷困潦倒，对嘉靖皇帝朱厚熜，也早就不满了。

费尽苦心的朱厚熜，后期治国为什么会治成这惨样？后人总结经验教训，一个公认的评价是：一辈子聪明的朱厚熜，却偏对一个奸臣看走了眼，且放任他专权二十年，结果把大好的江山糟蹋得不成样子。这位今天已经臭名昭著的奸臣，便是严嵩。

但如此沉重的一个政治责任，严嵩是否担负得起，还得从他的人生说说看。

奸臣也曾很正派

在成为一个遗臭万年的奸臣前，早年的严嵩，也曾名满天下：既是才华横溢的俊杰，又是刚正不阿的良臣。

严嵩是江西分宜人，出身于书香门第家庭，人又长得清瘦俊朗，举手投足都是名士风范。二十五岁这年，也就是弘治十八年（1505年），严嵩高中了二甲第二名进士，也就是全国第五名，顺利考选了庶吉士，随后官授翰林学士，而录取严嵩的坐师，便是后来正德年间权倾朝野的名臣杨廷和。严嵩前途极其远大。

但世上的一切好事，大多不会那么顺，严嵩这次也一样，人生刚开始得意，打击便如晴天霹雳：正德四年（1509年），严嵩母亲过世了。噩耗传来，严嵩的反应极其单纯，闻讯后嚎啕大哭，还为此害了一场大病，好不容易情绪稳定下来，接着做了一个惊人的决定：辞官。大好的前途不要了，回家隐居去。

这片至诚至孝，长了翅膀似的传开了，闻者无不唏嘘。严嵩回家后用仅有的一点积蓄，在家乡修了个房舍，取名“钤山堂”，与妻儿厮守此处，整日耕读习字，过着与世无争的清贫生活。一晃就是八年。昔日同僚们都很疑惑，这人到底是为什么？严嵩也给出了自己的回答：“如今朝中奸臣当道，我既然不能阻止，也绝不与之为伍。”

一直对严嵩赏识有加的杨廷和，也把这一切看在眼里。正德十一年（1516年），杨廷和自己还在丁忧，却亲自给严嵩写信，母亲去世后一度对仕途意冷的严嵩，心思再度活络起来，终于遵从了老师的教导，再度出山为官。

严嵩这次出山后，依然还是进了老单位：翰林院。职务也没变，仍旧是七品编修，可处境却大不一样，接连干了几份极有前途的工作：在内书堂教宦官、作为同考官外出主持会试。次年杨廷和复任首辅后，对严嵩更加器重。正德十三年（1518年）七月，杨廷和更给了严嵩一个重大任务：作为副使，去广西桂林靖江王府，办理袭封爵位公务。

谁知就是这个美差，差点把严嵩命搭上。严嵩路过江西，正赶上著名的宁王叛乱，当地喊杀声一片，吓得严嵩二话不说，撒腿就跑，不但没回京复命，反而一溜烟跑回家，忙不迭地躲起来。直到两年后明武宗病故，新君嘉靖皇帝朱厚熜登基，严嵩这才壮着胆子回来复命。

以上就是四十二岁以前，严嵩的大体简历。总体说来，严嵩是个工作扎实，才学突出，而且品德端正的好官员。以至于后世许多史家说到这里，无不叹息连连：这么好的一个人，后来怎么变成那副样子。

但也正是这段履历中，也体现了严嵩一大不平凡之处：政治嗅觉极灵，特别是隐居八年间，其实没闲着，常和朝廷重臣有书信往来，朝局的变迁了然于胸。这样一个人，只要有野心，就绝非池中物。

而且即使在如上光辉的事迹中，也暴露了严嵩性格里一大毛病：闪得快。权奸当道说躲就躲，江西叛乱说溜就溜。他后来权倾朝野后，最败事招骂的，正是这一条。

马屁功夫拍到家

在嘉靖皇帝朱厚熜登基后，回京的严嵩处境也一度很惨淡。严嵩担任南京翰林院侍读，草草被打发到这个清水衙门里，升迁基本无望。

但祸兮福所倚，严嵩刚进清水衙门，紧接着明朝政坛，就爆发了那场大震荡——“大礼之争”。就连严嵩的恩师杨廷和，也最终惨遭失败，罢官回家。反倒是窝在南京翰林院的严嵩，啥人都不待见他，平安躲过风暴。新宠桂萼是严嵩的同乡好友，嘉靖四年（1525年），在桂萼的帮助下，闲了四年的严嵩，意外得到一个要职：升任京城国子监祭酒。

在嘉靖初期，国子监祭酒可是个好差事。除了要抓好国子监的日常教育工作，还得参加“经筵日讲”。对于志向远大的文臣来说，有幸参加经筵日讲，便是最好的露脸机会。

这个露脸机会，严嵩真抓得牢。他学问一直好，而且口才极佳，每次充任讲官，都能表现得风采飞扬，口吐莲花一般，句句说到朱厚熜心里。自此之后，严嵩的官位青云直上，每隔几年就要升一步，先礼部侍郎，再去南京就任礼部尚书，又过五年调回京城任礼部尚书，十年时间便成为掌管朝廷礼部事宜的正二品大臣，权位炙手可热。

之所以这样得宠，除了工作积极，日常表现良好外，严嵩的另一大本事也逐渐露出水面：会拍马屁。

朱厚熜这个皇帝，在明朝历代皇帝里，属于极难伺候的一位：性格刚愎自用，对身边官员更是百般苛察。作为大臣，越接近权力中心，生存环境也就越险恶。

但严嵩也不是一般人，很快如鱼得水，比较有名的，就是嘉靖七年（1528年）他在礼部侍郎任上的一件事。当时严嵩作为副使，前往朱厚熜家乡安陆办理祭祀等事务，回来后严嵩别出心裁，上了两份奏折，一份奏折妙笔生花，描绘沿途所看到的各种“祥瑞”，哄得朱厚熜高兴不已，接着捎带手又上了另一份奏折，这份奏折却是写实手法，如实汇报了河南地区的灾害，请求减免赋税。朱厚熜这会儿正高兴着，当即大手一挥：准了。

严嵩既拍了马屁，也没误了正经事。类似的事情，这时的严嵩，也一直干了不少。所以虽然拍马屁，但严嵩的名声依然很好。

但按照许多明朝人笔记的说法，严嵩的变质，恰是从此时开始：与他蒸蒸日上官位相对应的，是他直线上升的生活水平，家里的日子越过越奢侈，而这奢侈程度，靠他的俸禄显然是不够的。《世庙识余录》里说，早在担任国子监祭酒的时候，严嵩就开始捞好处，而后来担任了礼部要职，胃口越来越大，藩王赐封袭爵，都要给他送钱，后来就连藩王获赏赐，他也敢雁过拔毛，从中捞回扣。严嵩的经济问题越发严重。

而真正让严嵩声名狼藉的，却是嘉靖十七年（1538年）九月那次事件。朱厚熜想让自己的父亲追尊庙号，并且神主进入太庙享受供奉。这事一放出风来，群臣就极力反对。身为礼部尚书的严嵩，也小心翼翼劝阻，未料一劝阻，就把朱厚熜劝怒了，立刻写文点名把严嵩臭骂一顿。这下严嵩害怕了，当下态度大转弯，全力支持朱厚熜。接下来在严嵩的精心谋划下，朱厚熜终于如愿以偿，给父亲加上了尊号，顺利请入了太庙。而历时十八年的“大礼之争”也就此结束，确切地说，是严嵩给这“大礼之争”画上了句号。

这事办完，严嵩的官职接着就升了，加封了太子太保，成了从一品大臣。而且严嵩成了当时朱厚熜时常私下召见的大臣之一，已经成了皇帝的心腹近臣。

孤傲首辅夏言

而这时的严嵩，政治胃口也越发大，他的下一个目标，就是进入权力中枢内阁，成为万人之上的内阁重臣。

而内阁，这个大明王朝的核心权力机构，到了嘉靖年间却变得跟火药桶一般，丁点火星就能擦出大动静，每天争斗不休，既难进，更难混。

朱厚熜登基后，内阁的要员们几乎天天打，没个消停的时候。一开始担任首辅的，是老好人费宏，后来继任的，是好老人李时，这俩老好人，基本没实权，有实权的几位始终互相掐。一开始是张璁赶跑了杨一清，随后又经过几年恶斗，张璁也被赶跑，内阁的当家人换成了夏言。

在嘉靖年间早期，夏言可是个出名的人物，不管干工作还是搞政治斗争，从来都是精力旺盛。

夏言的实际工作能力，更属于超强级别。夏言早期最大的政绩就是清理了皇庄弊政，顺利裁撤冗员，还查出大量被贵族侵占的土地，事情办得极漂亮。

更与当时诸多官员，特别是严嵩不同的是，夏言的经济问题非常清白，办事铁面无私。夏言穷得叮当响，同僚也基本得罪光。

这样一个既干活又清白的大臣，朱厚熜自然无比信任，而在严嵩的升迁路上，夏言的得意，曾是严嵩最重要的契机。严嵩与夏言是老乡，长期以来关系极好，当年严嵩从南京礼部尚书任上调回京城，正是来自夏言的举荐，后来夏言入阁，又再次举荐严嵩接替自己礼部尚书的职务。可以说，正是随着夏言的高升，严嵩紧随其后，一路沾光。

关系亲密的久了，夏言就不拿严嵩当外人。特别出名的一件事，就是严嵩一次置办酒宴，邀请夏言参加，偏巧夏言那天心情不好，就是摆谱不来，严嵩无奈，只好亲自去请，夏言却避而不见。丢尽面子的严嵩回到家，当着各路宾客的面，竟然做出了惊人之举：对着夏言的预备坐席，恭恭敬敬地下拜，完全就是拿夏言当主子。类似的窝囊气，严嵩多年以来受了不少。

自从执政内阁后，夏言的个性就越发突出，特别是嘉靖十七年（1538年）后，夏言就职内阁首辅，腰杆子更硬，为官为人都变得更加专横。三年之间，夏言竟然多次惹怒朱厚熜，两次被罢官。

但奇特的是，每次罢官之后，夏言在家闲住不多久，接着大摇大摆复职。论及原因，还是此人业务能力太强，而且除了工作外，朱厚熜的最大宗教信仰——修道，竟然也离不了夏言，夏言文采好，特别擅长撰写道教祭天专用的“青词”，这种文体可是大学问，讲究对仗工整，辞藻华丽，通常采用骈体文格式，写八股文出身的朝臣，大多没几个会。

夏言不但会，而且文采极好，每次朱厚熜要搞道教活动，都离不了夏言的青词，因而纵然有气，好些时候也是忍着。

也正是如上原因，让夏言产生了一个错误的判断：离了夏言，皇帝的日子就过不下去。同样是这个判断，令一直被夏言压制的严嵩，看到了胜利的曙光。

长期以来，夏言眼里的严嵩，不过是任自己呼来喝去的老家奴。但他不知道，自己在严嵩眼里，角色也悄然转换：不再是官场的靠山，相反却是前行的绊脚石，严嵩想要如愿入阁，就必须搬倒夏言。

而以严嵩当时的身份地位，想要斗倒位高权重的夏言，操作难度何其大。但以一种简单粗暴的方式，嘉靖二十一年（1542年）五月，他竟然神奇地办到了。

那天一开始，也没什么寻常事，不过是朱厚熜单独召见严嵩，商讨点朝政问题，工作汇报完毕后，严嵩瞧准机会，突然发动袭击，当场“扑通”跪倒，痛哭流涕地揭发夏言。一开始，朱厚熜倒没吃惊，反而和看戏似的，冷眼看着严嵩表演。但随着严嵩一句话脱口而出，一直当观众的朱厚熜立刻勃然变色，当场入戏了。

“夏言一向看不起您，连您亲自送给他的东西，都敢轻易丢弃，实在是罪大恶极啊！”

这事说起来，是桩朱厚熜忍了很久的旧账。朱厚熜爱修道，为此还特意制作了五顶沉香木的黄冠，赐给最亲近的几位大臣，其中也包括夏言，不但表示恩宠，更要求上朝的时候必须戴。夏言却觉得丢不起这人，不但自己不戴，还苦口婆心劝朱厚熜不要戴。当时朱厚熜就很没面子，发了一通火，但想到还要使唤夏言干活，还是把这口气憋了回去。

这下严嵩旧事重提，朱厚熜心中的火苗子一窜就是三尺高。眼前这位严嵩，不但干工作同样卖力，而且老实听话，一直乖巧，比夏言好得多。内阁离开夏言还不转吗？

就这样，在经过多年隐忍之后，严嵩巧妙地掐准了朱厚熜的脉搏，瞅准时机打出黑枪，一举击倒夏言：朱厚熜下诏，历数了夏言五大罪过，勒令夏言罢官回家。六十三岁的严嵩，官拜武英殿大学士，正式成为内阁中的一员。虽然论资历，严嵩是内阁中最小的一位，但几位阁臣中，却唯独他掌握票拟专奏权，等于大权独揽。

严嵩终于爬上了文官权力的顶峰，当然还不是巅峰，因为黯然离去的夏言并未远离权力中心，很快还会卷土重来。

妇人之仁铸大错

入阁后的严嵩，工作也一直积极，工作早请示晚汇报，特别是每天清晨一大早，就颠颠跑到朱厚熜住的西苑等候指示，态度十分勤勉。

但严嵩实际的工作效果跟夏言比，就完全两个档次了：不但行政水平差了一大截，而且最大的问题就是腐败丛生。

严嵩的腐化变质，不是一天两天，按照后来明朝一些文人的说法，做国子监祭酒的时候，严嵩就常收黑钱。刚挤走夏言入阁，就有御史揭发严嵩贪污，闹得严嵩极其尴尬。

但好在朱厚熜力挺严嵩，亲自送了“忠勤敏达”四个大字给他。朱厚熜之所以这么喜欢严嵩，一是多年以来，严嵩在他面前性格温顺，凡事依附，比家里养的猫还听话。二是夏言走后，修道还要搞，青词也得有人写，严嵩虽说文采比夏言差，但态度好得多，书写热情更高涨，自然要格外倚重。

有了皇帝的垂青，严嵩更有恃无恐，在内阁里大权独揽，连老成厚道的翟銮也被他给排挤走了。嘉靖二十三年（1544年），严嵩更把儿子严世藩调任尚宝司少卿，主管皇帝玉玺印章，爷俩联手抓权。

而这时对严嵩最大的机会是朱厚熜已经一改早年勤勉的作风，从嘉靖二十一年（1542年）起，就基本不上朝了，成天窝在深宫里修道炼丹。国家要事几乎都是内阁成员们单独请示汇报，等候裁决。

他这一放手，严嵩更放心捞好处。严家父子比猫还馋，不但大张胃口索贿，甚至还勾结地方官，连国家的盐务税收、农业税钱粮，都敢从中截留克扣，经济问题越发严重。

也正是在严嵩的胡闹下，嘉靖初期经过强力整治，一度异常清明的明朝吏治，再度迅速腐化。官场上行下效，贪贿成风，而且这几年明朝的国事运转也越发艰难。北方鞑靼侵扰问题越发严重，军费开支激增，外加朱厚熜沉迷修道，成天花钱，财政问题日益严重。嘉靖朝早年攒下来的钱粮，基本花得差不多，每年的财政收入对比支出基本是亏空。总之，问题越来越多。

朱厚熜虽然常年不上朝，但朝局的变化，也基本知晓。因此，朱厚熜也越发怀念起精明强干的夏言来，于是嘉靖二十四年（1545年）十二月，闲了三年的夏言再度得到启用，回任内阁首辅。

这下严嵩可惨了，折腾了三年多，一不留神老对头回归，虽说自己也得到抚慰，给加了少师官阶，但大权完全旁落，外加当初那梁子，就等着挨收拾吧。

而再度回任内阁首辅的夏言，虽说早有心理准备，但接手工作后，还是给气得哆嗦：这才几年，朝政咋就糟蹋成这样子。

夏言是个干实事的，这次新官上任，立刻就搞整顿风暴，中央官员大考核，不合格的一律罢免，一场整肃下来，大批官员丢官去职，绝大多数都是严嵩的亲信。

如此剧烈的风暴，严嵩却保持沉默，也没办法不沉默，自从夏言回来后，什么专奏票拟之类的权，都叫夏言牢牢把控，自己连个边都沾不上，完全成了摆设。

但严嵩自己知道，闹成这一步，并不是夏言有多强，还是皇帝对自己工作成绩不满意，于是一如既往，任劳任怨。朝政靠边站了，但严嵩写青词还是积极，一心帮朱厚熜忙活修道大业。而且严嵩还卖力拉拢朱厚熜身边的宦官，求他们给自己说好话。因此，虽然夏言搞得猛，严嵩没了权，但官位总算保住了。而且内阁成了这番格局：夏言大刀阔斧忙工作，严嵩小心翼翼伺候皇帝，分工明确，关系和谐。

但这样的和谐，严嵩是受不了的，和上次一样，他也只能默认现实，等着对手犯错。

但还没等夏言犯错，严嵩自己早先犯的一个大错，这次却败露了。

斗志旺盛的夏言，越干越起劲，他最擅长的吏治整顿方面，动作特别大，中央整顿完了，就考核地方，特别是税收部门，挨个都要清账，惩办了诸多贪腐分子，追回了大量公款，而且顺藤摸瓜，查到了严嵩头上。严嵩的儿子严世藩在尚宝司任上招权纳贿，腐败问题严重，相关黑材料已经被夏言掌握，眼看就要重办。

这事可严重了，虽说以往严嵩贪腐，朱厚熜也多有了解，但跟这次比起来，那些不过小打小闹。而且国事艰难，也正好要抓腐败典型，只要夏言不肯松口，严家父子倒霉基本上就是铁板钉钉。

危急时刻，严嵩拿出了压箱底的法宝：装可怜。严嵩拽着儿子跑到夏言家里，先花钱买通夏言家丁，混进夏言卧室，看夏言正在午休，立刻拉着儿子跪倒，爷俩放声嚎啕，到底把夏言给哭心软了，想起这位老大哥，往昔像猫一样侍奉自己，总算有些情分，于是就摆摆手，索性不追究这事，放了严嵩一马。

但夏言并未想到，看似温顺如猫的严嵩，其实是属虎的，只要逮着机会，就得反咬一口。

自从回任首辅后，夏言壮志满怀，除旧布新，但官场积弊日久，动作越大，得罪的人就越多，外加夏言为人做事素来嚣张跋扈，天不怕地不怕，不但整顿腐败不讲情面，朱厚熜的近臣面前，也是一副大爷模样，严嵩拼命拉拢朱厚熜的宦官，夏言却拼命得罪朱厚熜的宦官，每次宦官来办公，他吆喝宦官就和使唤奴才似的。嘉靖时代的宦官虽没权，但说坏话的机会总还有，被夏言欺负得多了，就找机会在朱厚熜面前搬弄是非。时间久了，朱厚熜的心理，也就自然朝严嵩倾斜。

如上变化，严嵩清楚，也一直在巧妙助推，就等着夏言自己栽跟头，再狠命扑上来，把这老对头彻底撕碎。

但对这日益逼近的危机，得意洋洋的夏言不但毫无察觉，相反正壮志满怀，准备完成一件惊天动地的大功业：收复河套。

罔顾国事害良臣

河套问题，从明朝景泰年间起，已经算是困扰明朝边防的老问题了。物产丰富的河套草原，长期被鞑靼部落占据，不但养肥了他们的骑兵战马，更成为其南下的跳板。特别是嘉靖年间起，盘踞河套的鞑靼部落，变成了蒙古草原战斗力最强大的俺答可汗部，俺答此人精通用兵，最擅长大兵团突袭作战，多次大举南下，肆虐边关，成为明朝大敌。尤其是嘉靖十九年至二十一年，俺答三次大规模侵扰山西，杀掠军民无算，嘉靖二十三年更闹出大动静，竟然迫近到完县，连京城都因此戒严。

对这大问题，严嵩当权的时候，基本都是坐视不管，能糊弄就糊弄。这下换成夏言，他可不是个糊弄事的人，而且一直极度重视，复任首辅后，立刻选拔了一位厉害人物就职三边总督：曾铣。

作为嘉靖八年（1529年）的进士，曾铣可是当时难得的文武双全的人才，一肚子的谋略。当年巡按辽东的时候，一到任就碰上兵变，但曾铣不慌，居然略施小计，就将兵变首恶擒获，不费一兵一卒解决问题。而曾铣与夏言的关系，也格外亲密：夏言的岳父苏纲是曾铣的同乡好友，凭这特殊交情，曾铣一直深得夏言信任，终于在夏言回任首辅后，成为手握三边军务大权的封疆大吏。

而曾铣也用卓越的战绩证明，他得到这个要职，不是靠关系，而是硬实力。曾铣就职才三个月，即嘉靖二十五年（1546年）七月，就打了一个开门红：在塞门力挫十万蒙古骑兵。这是多年以来明朝北部边防一场难得的胜利，尤其可贵的是，跟以往明军龟缩堡垒防御不同，这次曾铣陈兵边境，派兵夜袭敌营，前后夹击一战得胜，打了一场漂亮的野战骑兵突袭，边关将士士气也一举提振。

曾铣此人，不但长于带兵治军，更是明朝中期难得的军事战术大师，即使在整个中国历史上，他也是大规模使用火器的军事先驱。曾铣就任之后，组建了一支大规模的火器战车部队，并且独创了“五班轮射法”，即将火器士兵分为五列，轮流释放火器，杀伤敌人。这些军事探索，在整个明朝战争史上，都有深远影响。

而与军事水平相当的，更是曾铣卓越的战略眼光。塞门大捷后，曾铣并未沾沾自喜，相反果断上书，要求朝廷下定决心，一举收复河套草原。他看得很清楚，只要河套草原掌控在鞑靼手里，人家就来去自如，年年随时侵扰，彻底解决源头问题，才有天下太平。而且曾铣不止喊口号，更实干，提出了八条军事改革措施，更制定了明确的作战步骤。先修筑自陕西府谷至内蒙古准格尔旗之间的边墙，作为军事出击的前哨，在修边墙的三年里，抓紧时间练兵六万，然后每年春夏之交，部队水陆并进，携带五十日的粮饷出击，直捣河套鞑靼部落巢穴，驱逐敌人之后，再在当地修筑卫所工事，屯垦戍边，就此一举解决问题。

无论从军事角度，还是明朝当时的实力说，曾铣的这个决策，都是相当靠谱。奏疏送上去，靠山夏言也激动不已，当场拍板票拟，全力给朱厚熜游说。夏言一表态，其他臣僚也纷纷附和，朝野上下，喊打声一片。

而唯独保持沉默的，却是严嵩。曾铣打胜仗的捷报传来，大家高兴，他却沉默。曾铣要求收复河套的奏疏送来，大家激动，他还沉默。皇帝朱厚熜也兴奋无比，下诏书命令内阁与兵部，全力支持曾铣的战略计划，要钱给钱要兵给兵，收复河套的战略计划，一步步有条不紊地进行着，严嵩依然沉默。

而夏言这边的行动，却顺利无比。对待这事，朱厚熜的积极性格外高涨，甚至兵部的动作慢点，都被他下诏批评。而曾铣的进度，也继续争气。嘉靖二十六年（1547年）五月，曾铣再度出兵，袭击河套鞑靼部落，打得敌人拔马北逃，迁到黄河以北避难。曾铣这边却步步紧逼，一路高歌猛进。

然而到了嘉靖二十七年（1548年）正月，就在一切都顺风顺水的时候，一场意外却发生了：朱厚熜变卦了。正月初二，朱厚熜突然下诏书，质问臣子们，现在收复河套，是最好的时机吗？没等大家反应过来，正月初六，朱厚熜又下了个雷人诏书，说打仗会劳苦百姓，大家忍心吗？

这场雷人的变卦，还是起于沉默的严嵩。自从收复河套计划启动后，严嵩就果断判定：逆转的机会来了。要论干工作，严嵩不如夏言，但要论对朱厚熜的了解，夏言却远不及严嵩，朱厚熜虽说好大喜功，但他性格里一大毛病就是猜疑。眼看这件事上，夏言和曾铣密切配合，从中央到地方一唱一和，朱厚熜心里本来就不痛快，而随着曾铣节节胜利，朝野上下赞颂不断，朱厚熜的心里也就更不痛快。这些不痛快，严嵩都拿捏得准，所以从头到尾，一直沉默。

除了沉默外，严嵩的小动作也不断，尤其是常年结交宦官的优势，这时终于用上了。每次曾铣的边关奏报送来，都挑着朱厚熜修道的时候，由宦官递上去，多次搅了朱厚熜雅兴，次数多了，朱厚熜就更恼火。外加夏言急脾气，每次朱厚熜恼火完了，夏言紧跟着汇报工作，三句话不离收复河套这事，多次火上浇油。

而且老天爷也似乎帮严嵩，就在这节骨眼上，明朝连闹了好几次自然灾害。严嵩知道朱厚熜迷信，每次汇报工作的时候，就把这些天灾往收复河套这事上扯，全归结成夏言想搞政绩，曾铣想立功，这好哥俩联手勾结，终于惹怒了老天爷。特别狠的是，严嵩还给朱厚熜忽悠了个严重后果：再由着收复河套这事闹下去，皇帝的寿数健康，可能都受影响。

这样一闹，朱厚熜长期积累的火气，一下来了个大爆发，进了正月，连发两道诏书叫停。这可把正热火朝天的夏言吓傻了。接着朱厚熜召集近臣开会，沉默了好久的严嵩，突然焕发了精神，再次妙语连珠，极力反对收复河套。夏言这才搞明白：原来背后都是严嵩捣鬼。

闹明白这事的夏言，紧接着又犯了大糊涂，恼火之下，居然上奏折辩白，绝口不提自己，反而连篇累牍大骂严嵩。他这么一闹，朱厚熜就更认准了：夏言没事找事，闹出天灾来还不知错，反而欺负老实巴交的严嵩？

这下夏言就没救了，不但正顺利推进的收复河套战事被强制叫停，正在浴血奋战的曾铣更被锦衣卫逮捕到京。尤其令人唏嘘的是，锦衣卫到前线逮捕曾铣时，曾铣又刚刚深入河套袭击鞑靼部落，刚打了大胜仗就被后方兵部断了粮，但他巧妙施计，大张旗鼓蒙骗敌人，几万大军全身而退，再度上演一出军事史上的妙笔。

然而妙笔之后，就是惨剧：随后曾铣被逮捕到京问罪，夏言也被株连，剥夺了一切职务，黯然罢官回家。

但事情到了这步，严嵩却不安生：夏言虽说罢官，但罢官对夏言来说，好似家常便饭，难保不出几年又东山再起；至于曾铣，威胁更大，他常年带兵有方，军中威望极高，锦衣卫逮捕他时，前线将士极为痛惜，哭声长达百里。而且曾铣最精锐的五千亲兵，更恨得咬牙切齿，差点聚众哗变。按照野史的说法，曾铣出事之后，这帮悍将们个个愤怒，天天在军营里磨刀，还有人嚷嚷着，要杀到京城把严嵩剁了。

消息传到严嵩耳朵里，严嵩却极淡定，他知道，如上一幕，正是夏言末日的开始。

果然边关这场变故后，朱厚熜极为愤怒，自从他登基后，北方辽东、大同早发生过多次兵变，对这事实在敏感，因此将曾铣下狱后，一直严刑拷打。但曾铣一介良臣，铁骨铮铮，受尽各种酷刑，依然咬紧牙关。

曾铣不说，严嵩却有办法：你不说，有人帮你说。严嵩一直与锦衣卫指挥使陆炳交好，而陆炳的背景更不简单，父辈就在兴献王府为官，母亲是朱厚熜的奶娘，自己和朱厚熜是发小，偏偏也曾因贪腐问题被夏言一顿恶治过，这下新账老账一起算。俩人相互勾结，唆使早年因违反军纪被曾铣惩治的边将仇鸾出头，诬告曾铣曾贿赂夏言。按说这瞎话编得不高明，夏言的清廉，所有人都知道，说他跋扈专横谁都信，至于说夏言收钱，基本没人信。

没人信不要紧，但朱厚熜信，严嵩再次捏准了朱厚熜的脉，朱厚熜本来就忌惮夏言专权，而且也知道夏言和曾铣关系不一般，这下麻烦大了。明朝边帅勾结中央大臣，就是死路一条，这个罪名一坐实，谁都没救了。嘉靖二十七年（1548年）三月二十八日，曾铣被处斩，子女遭流放。四月二日，罢官回家的夏言也被抓至京城。十月二日，夏言被问斩于西市。这位嘉靖朝前期政绩卓越的铁腕阁老，落得了这样悲剧的结局。这桩冤案，便是“河套之狱”。

“河套之狱”的结果，对于明朝的边防来说，后果极其严重。收复河套，这不仅是夏言和曾铣的主张，更是明朝中期以来，几代君臣的不懈追求。而在这场风波中，这事彻底搁置。本来已经被曾铣打得节节败退的鞑靼俺答部更借机卷土重来，两年后就让明朝尝到苦果。嘉靖二十九年（1550年），俺答可汗上演骑兵大突袭，绕过明朝边关，八月突袭京城，将京城团团围困，侵扰二十天后，才满载着掳掠的人口钱粮得意洋洋地离开，而京城周边的二十多万明军，竟然吓得一箭不发，这场奇耻大辱史称“庚戌之变”。

除掉了夏言后，独霸内阁的严嵩从此有恃无恐，之后一直到嘉靖四十一年（1542年），便是著名的“严嵩专权”时期。

事实上，虽说是专权，但具体的行政大权严嵩其实少得很，朱厚熜虽说不上朝，但并非不管事，各色国家大事归根结底都是他拍板，严嵩具体执行而已。

而且就权谋水平来说，严嵩比起几位前任，着实上了一个新台阶。像之前的张璁、桂萼、夏言，都有无比得宠的时候，但一不留神，就能惹恼朱厚熜，最后惨淡收场。严嵩却不同，他对于朱厚熜脾气秉性地拿捏，可以说恰到好处。

朱厚熜最大的特点就是刚愎自用，反映到国家大事上，一是一意孤行，二就是死要面子，所以他虽然行政有水平，但选拔大臣，第一个标准就是听话，凡事顺着他的，才是他眼里的好臣子。

严嵩在这条上，做得相当到位，不但日常生活中很会拍马屁，又擅长写青词，虽说水平不如夏言，但态度极其认真，就连日常办公，也给足领导面子。一个常见的情景是：每次和朱厚熜讨论国家大事，严嵩都擅长装傻，经常先装出一副茫然无知的样子来，被朱厚熜一顿教育后，才做出恍然大悟状，接着极力吹捧。每次一番表演，都能把皇帝哄得高兴。

而这样一来，所谓严嵩专权，其实就是这样一副政治图景：国家大事，朱厚熜一人拍板，严嵩随声附和，然后卖命执行，闹到洪水滔天，便是严嵩出来背黑锅。

而这种政治模式，对于明朝的最大伤害是以往明朝相互制衡的体制最大的作用除了防止专权外，更重要的还是纠错，特别是每当皇权出现错误的时候，文官集团的权力都能形成制约，最大限度防范昏招败笔发生。但让朱厚熜这么一闹，纠错职能成空，万一皇帝不靠谱，后果就极严重。

而在年岁增长且皇位稳固后，朱厚熜也变得越发不靠谱，虽说国家大事还算认真，奏折也及时批，但求仙修道的兴趣越发浓厚，一开始还只是深宫里偷着闹，后来却大张旗鼓，搞起各种道教活动，外加不惜血本，要炼就长生不老仙丹。不说这玩意对身体有多少毒性，也说成本花费，也是天文数字。此外朱厚熜还大兴土木，修筑各类道观祭台，国库都快折腾空了。

而且不知是因为年岁大了，还是炼丹修道弄迷糊了，步入中年以后的朱厚熜，也一改早期精明强干的风格，国家大事朝令夕改，好些个重要决断更是想起一出是一出。比如东南倭寇问题、北方鞑靼问题，都是一件决策分配下去，还没怎么样呢，自己就先改主意，或者是好不容易刚取得点成绩，自己不知道哪根筋不对，也改了主意，不但已经取得的成果半途而废，国家大事更反复折腾。

这种不靠谱的表现，如果换到一个运转正常的内阁体制下，阁臣与皇帝间早不知道掐了多少回了。但此时内阁是如猫一般的严嵩当家，凡事大多依附，半句反对也不敢说，好些个败笔，严嵩其实都是替罪羊。

而如果说替罪羊严嵩自己也有错的话，那么最大的错就是他的不负责任。

朱厚熜登基之后，换过的阁臣很多，如张璁、桂萼、夏言等人，这些人平心而论，都是负责任的政治家，私人恩怨斗归斗，但国家大事不含糊。比如张璁，为了“大礼之争”跟杨廷和对骂，但后来当政后，杨廷和“更化改元”时期没做完的事业，他甩开膀子继续做。又比如夏言，一番恶斗赶走了张璁，但张璁整顿吏治、清理腐败的种种作为，夏言不但继续做，而且做得更好。

但在这事上，严嵩却毫无责任感，当初斗死夏言后，连带着夏言除旧布新的改革，也一并给废了，边防工作更是败坏。除了替皇帝扛事外，他热情最大的事情，就是贪污腐败。

严嵩的腐败，从很早就开始，在翰林院的时候，就敢收钱，后来做礼部工作，又敢借着藩王封爵索贿，但跟后来的行为比起来，这些都是小打小闹。

严嵩专权之后，腐败工作更做得大，甚至还找到了专业代理商：儿子严世蕃。每次官员想向严嵩送礼请托，严嵩总是摆摆手：“别跟我说，找我儿子谈。”

而作为严嵩的儿子，严世蕃也不简单，这人只有一只眼，但脑筋极为精明，当初借助河套事件，做假口供坑死曾铣、夏言，都是他一手谋划。

而且这人本事更厉害，首先是眼光准。此人文采好，记忆力极强，公文拿到手里，就能过目不忘，每次严嵩找朱厚熜汇报工作，他都预先谋划，该说啥不该说啥，都能揣测得一清二楚，堪称严嵩身边顶级参谋。

在捞钱问题上，严世蕃本事更大，还把腐败搞成了规模化经营：朝廷干工程，比如修河道铸城墙，得给他家送钱，美其名曰“买命”；外地官员进京汇报工作，也要送钱，美其名曰“问安”；至于选拔官员，甚至提拔任用，更要送钱，美其名曰“讲缺”；而且升了官，比如分到一个肥差上，每年也要定期送钱，美其名曰“谢礼”。到后来最猖狂的时候，朝廷发给前线的粮草，他都敢雁过拔毛，最恶劣的时候，过他手就要扣一半。

在这样一番规矩下，明朝的腐败水平，一下上了新台阶，原先只是偷偷摸摸，私下交易，这下成了光明正大的规矩。朝廷的官职可以拿钱买，犯了罪可以用钱顶，甚至想干点利国利民的好事，比如整顿军备、兴修水利，更要拿腐败来换。二十年间，明朝的贪腐之风，越刮越烈。

当然作为首辅，除了这些败事外，严嵩也确实做过一些好事，比如每当地方闹灾后，都及时请求赈济。“庚戌之变”后，北方边防局势越发严峻，严嵩也曾重手整治，外加当年与之一起勾结诬陷曾铣的仇鸾，后来也与之反目，严嵩就故意整黑材料，趁着仇鸾与俺答开马市反被忽悠，招来鞑靼兵侵扰的机会，一股脑把仇鸾的贪腐老底全兜出来，结果这个在曾铣蒙冤后一度风光无比的武将，先闻讯后被吓死，接着又被开棺戮尸，家产充公，脑袋砍下来在边境示众，下场极其悲惨。虽然严嵩干这事，主要为了排斥异己，但仇鸾死后，如马芳等少壮武将得以提拔，也算严嵩的“贡献”。

总体说来，严嵩专权后，大事干得少，基本全是附和朱厚熜，贪腐的事更在朱厚熜眼皮底下越干越多，而且比起之前历代首辅来，他更干了一件翻天的事：组党。官员之中，他到处物色亲信，甚至还收为干儿子，安插到各个部门里，比如掌握奏折传送的通政司，就由他的干儿子赵文华把持，方便欺上瞒下。另外六部九卿中，也遍布他的门生亲信，连他的好些亲戚，都成了封疆大吏。比如他的亲家陈圭是两广总兵，娘家侄子欧阳必进是两广总督，到后来连他的孙子严效忠等人，也都安插在锦衣卫等要害部门，这帮人有个共同称呼：严党。

而且在结党这件事上，严嵩也很没原则，要的就是沾亲的、听话的、舍得送钱的，至于办事水平如何，那是基本不管。而他最大的败笔，就是在一些重大国家大事上安插自己的亲信，偏偏安插的人又极不靠谱，结果坏了大事。最为典型的，就是东南倭寇问题。

倭寇侵扰这事，从朱厚熜登基起就开始闹，之后几经反复，到嘉靖三十年（1551年）的时候，已经闹成了大麻烦。大批倭寇成群侵扰，而且与东南沿海的势豪大户互相勾结，成了中日土匪勾结的巨盗团伙。仅是这一年，倭寇就侵扰沿海周边数千里，整个浙东地区都惨遭荼毒。

这下问题严重了，江南是明朝财税重地，轻易乱不得，朱厚熜也下了大决心：嘉靖三十三年（1554年），由南京兵部尚书张经出马，集结精锐部队到江南，非要一举灭了倭寇不可。

张经在当时是文官中仅次于曾铣的名将，受命后也毫不含糊，一通从容布置，与倭寇展开厮杀。谁知倭寇也太过强横，竟然数次将明军打得大败。张经立刻明白，这群中央朝臣眼中的海盗，其实没那么简单，他们成分复杂、武器精良、战斗力强悍，必须慎重对待，于是按兵不动，继续调集兵马，打算毕其功于一役。

但朱厚熜却等不及了，外加张经为人耿直，得罪了严嵩的干儿子赵文华，这下麻烦大了。好不容易张经打了胜仗，在王江泾地区聚歼倭寇，一举斩首倭寇近两千人，堪称明朝抗倭战争以来的第一场胜仗。眼看着彻底肃清倭寇在望，严嵩却使坏了，先在朱厚熜面前进谗言，说什么张经目无皇帝，不听指挥，然后又歪曲前线战局，说张经是在中央的催促下，才打了这一仗，真实目的，是想养寇自重。这下朱厚熜中招了，他顿时怒不可遏，张经的奏报送来，朱厚熜反而下令将张经逮入京城问罪，张经随后被斩首。打了胜仗掉脑袋，这个雷人判决，又是严嵩忽悠的结果。

张经之死对于严嵩而言，好处多多，但东南的抗倭局势，却是大坏，本来损失惨重的倭寇，这下死灰复燃，再度大肆侵扰东南沿海。这时的明王朝，北方有鞑靼连年侵扰，南方有倭寇长期肆虐，两线作战，疲惫不堪，都是严嵩闹出来的。

当然值得肯定的是，眼看张经之死，桶出这么大娄子，严嵩也知道补救，而且他评判官员，水平也很高。张经被砍头后，东南倭寇闹腾了一年多，眼看蒙混不住，严嵩又打出一张牌：命亲信胡宗宪担任浙直总督。这次总算找对了人，胡宗宪虽然也是严党成员，且极会逢迎巴结，但这人有真本事，到任后先施展手段，诱杀倭寇头目徐海，又计捕倭寇另一头目汪直，这两个倭寇中的华人大头目，相继落网正法，势力熏天的倭寇们群龙无首，顿时成了一片散沙，随后明军全力围剿，胡宗宪倚重戚继光、俞大猷等名将，历经十多年浴血奋战，终于平定倭患。照说严嵩在这事上也有功，但当初倭寇垂死之时，正是他老人家给敌续命，没他那次大忽悠，后来东南的好些战乱，原本也可避免。

赤胆忠心杨继盛

而在专权多年后，严嵩也早已臭名远扬。但嘉靖年间，朱厚熜对言官管得严，稍有不如意就严惩，而且严嵩又手腕奸猾，谁得罪了他，不治死绝不罢休。不少正直的官员前仆后继，上奏揭发严嵩的奸恶，反而被严嵩巧妙搪塞，不但他自己没事，上奏的官员基本上都被恶治。

而在这件事上，严嵩的常用办法就是拖皇帝下水，每次有官员弹劾严嵩，朱厚熜询问起来，严嵩都巧言令色，想方设法把官员揭发的事情，往朱厚熜身上引，最后得出中心思想：这官员表面骂我严嵩，其实骂的是皇上您啊。而且每次如严嵩所愿，朱厚熜几乎都中招，上奏的十有八九也会下牢狱。最著名的就是嘉靖三十二年（1553年），兵部武选司员外郎杨继盛弹劾严嵩事件。杨继盛原本是个吏部小主事，起先因为得罪武将仇鸾，惨被下了牢狱，后来仇鸾垮台倒霉，严嵩联想起这事，觉得杨继盛是自己人，一心大力提拔，一年就给了他连升四级，得到了武选司这样的肥差。

但杨继盛铁骨铮铮，当年得罪仇鸾，是为了公事，如今恨严嵩，也是因为公事。一年连升四级，在他单纯的心灵里，更不是啥严嵩的恩德，而是皇帝的恩典，为了这样的恩典，他决定以死报国，揭发严嵩的罪恶。于是是年正月，杨继盛演出了明代历史上浩气长存的一幕：庄重的斋戒三天，沐浴更衣，然后郑重地送上自己的奏折，并向全天下宣告了自己的态度：死劾。杨继盛弹劾的是奸臣严嵩，不是严嵩死，就是杨继盛死。

这封弹劾严嵩的奏疏就是著名的《早诛奸险巧佞贼臣疏》，奏折中揭发了严嵩十大罪恶，包括专权误国、贪腐成风、纵子做恶、贪占功劳、引狼入室、败坏朝廷形象等，笔笔如刀，字字犀利，将严嵩一党的画皮剥得鲜血淋漓。

奏折送上去，严嵩就毛了，但是看过奏疏之后，他却松了口气。杨继盛一腔热血，却百密一疏，一句话犯了朱厚熜大忌讳：“愿陛下听臣之言，查嵩之奸，或召问裕、景二王。”

这话意思是皇上一定要相信我的话，如果不相信，可以问问皇上的俩儿子，也就是裕王和景王。

但在多疑的朱厚熜这里，这话就完全变了味：问我俩儿子？你什么意思？嫌我老糊涂了？谁派你上这奏折的？

这几下嘀咕后，杨继盛就惨了，先下了诏狱，被严刑拷打，各种酷刑一起上，逼他说出背后主谋来，但杨继盛毫不畏惧，铁骨铮铮，连那些凶残了一辈子的狱卒们，最后都震撼不已。最有名的一件事是：当时杨继盛腿上的肉都给打烂了，夜深人静的时候，他起身爬起来，拿个碎瓷片当刀，忍痛割除腿上的腐肉，吓得身旁的狱卒都直哆嗦。

对杨继盛这名铁汉，严嵩又恨又怕，但是朱厚熜听说了后，反而又犹豫了，只是把杨继盛关在牢房里，好几年不闻不问。这也是朱厚熜对付官员的老招数：谁要是打不死，就长期蹲牢房，等着时间久了，就还有生还的机会。后来上书骂朱厚熜的海瑞，也是这待遇。

但严嵩这次却下了决心，非要杨继盛死，后来嘉靖三十四（1555年）年张经抗倭蒙冤，被押到京城问罪，严嵩知道朱厚熜恨张经，于是就故意在写有张经的死刑奏议上，附上了杨继盛的名字。朱厚熜果然再度中招，一怒签了死刑令：十月二十九日，杨继盛蒙冤被害，年近四十岁。

在严嵩看来，杨继盛的死是除掉自己一个心腹大患，但是他没有料到，从杨继盛上刑场的那一天起，他就犯了一个大错误：明朝自从有大学士制度以后，还没有哪位内阁首辅会因为弹劾而置别人于死地，哪怕当年依附严党的奸人焦芳，也没嚣张到此。严嵩这事一办，等于把天下人都得罪了。是个人就知道，这个阁老够坏。

而更严重一个后果，却是严嵩更加始料不及。朱厚熜这个人心眼小，外加眼里不揉沙子，虽然脾气秉性被摸透，常被严嵩忽悠。但这次被忽悠厉害了，事后回过味来，心里也觉得不是滋味。如果说朱厚熜以往对严嵩是宠着，那么杨继盛事件后，虽然对严嵩还是宠，但心里的提防却更上了一层。

严嵩的覆灭，正是从此开始。

干儿亲儿不争气

直臣杨继盛早年的恩师便是与严嵩同朝为官的徐阶。也正是这位徐阶，最终把严嵩一家送上了覆灭的不归路。

徐阶，松江人，嘉靖二年（1523年）进士，成绩也极高，一举摘得探花，也就是全国第三。更巧合的是，当时录取他的坐师，同样是杨廷和。论及科举关系，徐阶算是严嵩的师弟。

和这位严师兄比，徐阶也有很多相似之处，比如态度很温顺，情商也极高，很会察言观色和拉关系，而且他身材瘦小，眉清目秀，外加脾气好，如果说严嵩像只大花猫，他就像只小白猫。

尤其像的是，徐阶也擅长写青词，朱厚熜的修道事业中，徐阶也一直出工出力。

但徐阶和严嵩终究不是一路人。初入官场的时候，徐阶还比较气盛，看不过去就说，结果得罪了当时掌权的张璁，官职一贬到底，被发配到福建延平做了推官。之后徐阶在地方上历经摸爬滚打，辛苦熬了十年。由于徐阶一直以来心态好，到哪里都认真干活，而且政绩出色，得到了夏言的赏识，终于又调回京城，后来在夏言担任内阁首辅时，一度官至吏部左侍郎。

但好景不长，后来夏言垮台惨死，徐阶也跟着倒霉，先被排挤出了吏部，但好在朱厚熜也很赏识他，又把他调入了翰林院，做了掌院学士。而就在这个岗位上，素来低调的徐阶第一次展现出了卓越才干：他在翰林院勤抓教育，并以阳明心学中“知行并进”为原则，革新翰林院学习风气，选拔有用之才。后来主导万历年间改革的政治家张居正，便是他此时培育的俊才。

而在夏言遭难的那些年里，由夏言一手提拔的徐阶也变得更加低调。徐阶除了埋头工作外，日常生活更小心谨慎，终于躲过了这轮政治风暴。到了嘉靖二十九年（1550年），徐阶已经是朝廷的礼部尚书，正二品高官。

而也正是这一年，大明王朝一场耻辱的国难，令素来小心谨慎的徐阶，第一次爆发了无比的勇气：“庚戌之变。”

“庚戌之变”期间，大明朝一度乱作一团，朱厚熜召集群臣开会，外面强敌压境，大臣们六神无主，就连平时最有本事的严嵩，这下也慌了神，只能搪塞说：“这帮人就是一群恶贼，抢完了东西就走，皇上您不用担心。”

但徐阶却语出惊人，说如果不能制止俺答的行为，一旦放任他们继续，就是大明朝的灭顶之灾。这一硬顶，让严嵩警醒了，徐阶却不管不顾，竟然主动受命，提出应该假装媾和，拖延时间，等待援军到来后，再组织反击。事后的发展，正如徐阶料想，在明朝的外交拖延下，俺答果然上当，先被忽悠着谈判，然后一看援军到达，慌不迭地逃走。大明王朝，也就躲过了一场惨祸。

这事之后，徐阶青云直上，也在严嵩眼里彻底挂号。之后多年，严嵩想尽办法，打算整倒徐阶，但徐阶却机灵无比，明枪暗箭，巧妙躲闪。特别是他当年就职国子监时的学生杨继盛愤然弹劾严嵩，事后也有人怀疑是徐阶指使，但就在杨继盛获罪的同时，徐阶却步步高升。徐阶于嘉靖三十二年进了内阁，杨继盛殉难的同年，又加了少傅，成了仅次于严嵩的人物。

自那以后，严嵩整徐阶整得更卖力，一看整不动，也搬出来当年夏言整自己的那套办法：彻底边缘化。国家大事全垄断，各部门全塞上自己人，把徐阶在内阁里变成摆设，看徐阶还能翻天？

但处心积虑的严嵩，却恰犯了夏言当初的错误：朱厚熜是什么人？提拔徐阶，就是为了牵制严嵩的，而严嵩越牵制徐阶越来劲，这下还了得？

于是日久天长，朱厚熜对严嵩的不满也日益增加，偏偏雪上加霜，严嵩的夫人欧阳氏过世，按照礼制，儿子严世藩要回家守孝，这位高级参谋一走，严嵩就坏了菜，诸如批阅公文、撰写青词，样样都没了代笔，全得自己来。严老头八十多岁老眼昏花，回复公文的速度也大不如前，脑筋更转得慢，对朱厚熜的好些旨意有时竟也反应不过来，一来二去，好些次惹恼了朱厚熜。

而且就在这些年里，严嵩的那些干儿子们，也一个个不争气，最典型就是赵文华。作为工部尚书，赵文华竟然连朱厚熜修宫殿的钱都贪，事情败露后他惊惧交加，竟然给吓死了。事后朱厚熜穷追猛打，又把赵文华侵吞军饷的事查出来，这下气恨交加，一怒把赵文华抄了个倾家荡产。

赵文华的倒霉，是严嵩势力的一次沉重打击。此后，朱厚熜对严嵩的不满更是与日俱增。偏偏严嵩脑子犯糊涂，嘉靖四十年（1561年）皇宫失火，把朱厚熜卧室都给烧了，朱厚熜没地方住，忙召大臣们想办法，也不知道严嵩哪根筋转错，居然脱口而出："皇上您可以移居到南宫去嘛。"

这话说出来，朱厚熜差点没气晕：南宫是什么地方？那是当年明英宗被软禁的地方，你让我移居南宫？这是拿我当什么？还是徐阶脑子快，立刻插嘴说："让我儿子徐蟠来督造营建，十月之前，一定让皇上您住上新家。"随后徐阶圆满完成任务，这才把朱厚熜又哄高兴。

而经过这事后，徐阶和严嵩俩人，在朱厚熜心里的地位，已经彻底掉了个儿。而随后，深受朱厚熜信任的道士蓝道行更借着道教典礼的机会，忽悠朱厚熜说："老天爷说了，现在朝廷有奸臣当道，您可要小心。"就像当年严嵩用这招陷害夏言一样，徐阶有样学样，不变的依然是上钩的朱厚熜。

这事过后没多久，嘉靖四十一年（1562年）五月，御史邹应龙弹劾严嵩。这次的弹劾，巧妙地用了含沙射影的学问，不直接骂严嵩，反而弹劾严嵩的儿子严世藩，偏偏这个严世藩此时不争气，给母亲守孝期间还成天纵酒淫乐，生活极其腐化，把柄一大堆。这下果然触怒了朱厚熜，当月十九日就下诏：严世藩下诏狱，严嵩本人退休回家。掌权十多年的严嵩集团，这下轰然倒台。

浑水摸鱼除严嵩

严嵩倒台，徐阶扶正，成了内阁首辅。但这场争斗对于他来说，还没到庆祝胜利的时候，相反更加白热化。严嵩到底树大根深，罢官之后先通过朱厚熜身边的宦官，把道士蓝道行罗织罪名下狱，并害死在牢狱中。然后严嵩又四处活动，给儿子严世藩成功脱罪，先只判了充军流放，流放路上顺利脱身，回到家乡定居。事实证明这人确实坏透，都到这步了还是张扬，在老家大兴土木，欺男霸女，做了不少坏事。

而这个大漏洞，徐阶一下子抓住了。本来徐阶当权后，蓝道行入狱，形势一度很不利，但蓝道行硬骨头，到死都没招，总算稳住了局面。此后严世藩在家乡作恶，露出了大马脚，徐阶随后行动，先是御史林润上书，揭发严世藩的恶行，再次激怒朱厚熜，将严世藩逮捕下狱。眼看大祸临头，严世藩却依然有信心，三法司审他的时候，此人一没受刑，二没被逼供，就把当年怎么害死杨继盛的事情招了。三法司的官员们也上套，满以为这口供一交，严世藩必死无疑。

但徐阶却一眼看出其中破绽，这还是严家的老把戏：拖皇帝下水。杨继盛的死刑命令是朱厚熜亲自签发的，别管对错，朱厚熜都绝对不会认这个错，到时候一看口供，必然勃然大怒，不但严世藩会趁机脱身，三法司的官员们更很可能陪绑。结果徐阶早有准备，提前拟好了另一份供词，这份供词里写明：严世藩犯了三条大罪：一是聚众谋反，二是勾结倭寇，三是争夺一块有王气的田地，企图颠覆大明江山。果然如徐阶所料，口供一送上去，朱厚熜立刻暴跳如雷，随后下令，将严世藩立刻斩首。这位嘉靖年间最狡诈的权奸，就这样一命呜呼。值得一提的是，由于对这变故毫无准备，死刑命令宣布后，从来自信满满的严世藩，当场浑身颤抖，一个字也说不出来，就这样结束了可耻的一生。

严家的这场大难，京城的老百姓们都非常解恨，甚至还有老百姓自发聚集，观看行刑。宠了严嵩一辈子的朱厚熜，却依然不解恨，又下令抄严嵩的家，共抄了黄金三万多两，白银二百多万两，而且据奏报，抄没到的家产，也只有严嵩家产的三分之一不到。风光了一辈子的严嵩，则沦为了乞丐，每天在老家靠拾一些坟地的上供食物果腹，在八十七岁那年凄凉地死去。一直到了明朝万历年间，徐阶的学生张居正当权时，才派官员至江西，收葬严嵩的尸骨，这位明朝最出名的奸臣，也得以入土为安。

严嵩死后，继任首辅的徐阶也遇到了严嵩当初的烦恼：朱厚熜已近晚年，做事也越发不靠谱，炼丹修道，阵仗也越闹越大。但徐阶和严嵩不同，严嵩只管混事捞钱，徐阶却真负责，每次朱厚熜要瞎指挥，就绕着弯子赔小心，正面不行侧面来，揣摩朱厚熜脾气的本事徐阶比严嵩强得多，严嵩通常都是讨得朱厚熜欢心，而徐阶却更进一步，多次说得朱厚熜改主意。

于是徐阶的苦心，也很快得到了回报，一批卓越干才得到提拔。除了杨博、高拱、张居正这些文官大展拳脚外，边防形势也大好。东南的谭论、戚继光、俞大猷一路猛打，终于彻底肃清倭寇；北方在马芳等人的镇守下，多次挫败蒙古军队入侵，边防形势大大改观。

但国家的形势，依然危机深重，西南和南方都有大规模的民变爆发，自然灾害也进入多发期。最大的问题是长期以来积弊的吏治，不是一下子就能整肃好的，官场贪腐不断、效率低下，老百姓赋税沉重、穷困不已。可怜徐阶左支右绌，累死累活，却还不少挨骂。

严重的统治危机，就连朱厚熜本人其实也心知肚明。嘉靖四十五年（1566年）二月，户部主事、著名的清官海瑞，上了震古烁今的《治安疏》，奏疏中历数了朱厚熜执政的种种错误，恳求朱厚熜改弦更张，做一个励精图治的圣君。眼看自己的执政成绩被海瑞写得如此不堪，朱厚熜再次暴怒，竟气得把奏折怒摔在地，然后不住口地大骂。在徐阶的全力维护下，海瑞虽然下了牢狱，但总算没死，后来在隆庆年间得到赦免，并两度出山为官，书写了清官传奇。

朱厚熜之所以不杀海瑞，论及根源，还是他心里知道，海瑞说的都是不折不扣的事实，然而惨淡的局面他已无力补救。嘉靖四十五年（1566年）入秋起，朱厚熜就卧病在床，十二月十四日过世。

就像老师杨廷和当年一样，这时的内阁首辅徐阶也担负起主持大局的重任：起草遗诏，确立裕王朱载垕登基即位，十二月二十六日举行登基大典，宣布改次年年号为“隆庆”。同样是事先未立太子的皇权过度，这次也平稳完成。

但大明朝的政局却并不平稳，北方鞑靼的侵扰依旧，南方倭寇虽平，但广东、江西等省份也是动乱不断。就连明朝的附属国朝鲜，背后都敢说老大的坏话。朝鲜使节来京吊丧前，国王特意叮嘱：“现在明朝局势不稳，很可能要出大乱子，你这次去，可要用心留意啊。”

反贪强人高拱的无奈谢幕

作为大明朝的铁杆小弟，朝鲜敢在朱厚熜过世时，悄悄说老大的坏话，绝非是有意不敬，而是这时期的明朝，情况确实太严重。

就说朱厚熜去世前后的一些事，南方的广东和江西都有民间暴乱，有些地区的动乱甚至已经持续了十年，但朝廷却连平叛的钱都拿不出来。北方的鞑靼依旧肆虐侵扰，边关战火不断，年年不消停，朝廷的储备更是捉襟见肘，比如太仓的粮草储备最窘迫的时候，竟然只足够支持一个月。

作为内阁首辅、百官之首，徐阶尽心竭力，确保了皇位顺利交接，然后主持朝局，废除嘉靖年间的各种弊政，为期间诸多获罪的大臣平反昭雪，稳定人心，减免各地的赋税。徐阶里里外外，操碎了心。

徐阶的毛病也很突出。他虽然精通权谋，但干起国家大事来，却是小心谨慎，主要的政绩基本上就是纠正嘉靖年间的弊端。虽说做得不错，但这时明朝的问题，却不是纠错就能解决的。

朱厚熜留下的是一个烂摊子。除了由于各种弊政因素外，好些麻烦却也是新形势遇到新问题。这时明朝商品经济发展，思想也更加自由开放，传统道德观念受到强烈冲击，官风民风也深受影响。在经济方面，商品经济发达，土地兼并严重，民间一片繁荣，政府税收却锐减。长期的官风腐化，也闹得政府效率低下。大明帝国的上层建筑，早已经是百孔千疮，而徐阶的办法还是到处补窟窿，虽说里外忙活，却也越发补不过来。

徐阶是松江人，当地商品经济日益发达，大搞土地兼并的，以势豪大户居首，徐阶自己家就是其中势力最大的。这么个背景，指望他能大刀阔斧，实在有点难。

就在这样的情景下，另一个铁腕强人开始大展拳脚：高拱。

孤傲俊才，皇子依赖

高拱祖籍山西，先祖迁到河南新郑，比起明朝诸多名臣的寒微出身来，高拱的家庭条件，着实好得很。

高拱的家庭，是名副其实的官宦世家，祖父和父亲都曾为官。高拱的天资也好，读书识字都极早，自幼就被赞誉为神童。高拱十七岁就考取了举人，而且还是乡试第一名。虽说之后高拱科举不顺，连续几次都遭受挫折，直到三十岁那年才考取进士，但因为科举成绩好，如愿做了庶吉士，先进了翰林院。三十九岁那年，高拱又得到一个至关重要的任命：成为裕王朱载垕的讲官，也就是大明帝国未来继承人的老师。

这样好的家庭条件，外加好学问，还有一直得意的仕途，这样的人生，想不得意都不行。事实正如此，高拱性格的最大特点，就是太过得意，同僚面前，更从来都是一副孤傲样，自以为天下第一，谁也不放在眼里。

按说这样的脾气，上司面前极难混，但高拱有头脑，特别是做了朱载垕的老师后，虽在同僚面前是一派傲气，但朱载垕面前却完美收敛，傲气变成了自信的傲骨。这样一来，高拱反而和朱载垕互补起来。朱载垕虽说是皇子，但常年不受父亲待见，嘉靖皇帝性格猜忌，有时候对儿子也提防，日久天长，朱载垕的心理也变得极没有安全感，稍微有点风吹草动，就会紧张得不行。而高拱的到来，却恰好令朱载垕心安。高拱行事稳重，判断事物更极为自信，尤其难得的是他对朱载垕忠诚无比，大事小情不但卖力效劳，更极力宽慰。时间久了，高拱不但被朱载垕极力倚重，甚至成了精神依托。后来高拱升任国子监祭酒，暂时离开了裕王府，但遇到疑难事务，朱载垕还是会写信询问，君臣彼此间的感情，从那时起就深厚。

高拱崭露头角的时候，正是嘉靖年间党争最激烈的时期，内阁首辅严嵩权势滔天，内阁次辅徐阶暗中蓄力，俩人都不好惹，夹在中间的官员，如果不想惹事，就得夹起尾巴做人。

但高拱的表现，却实在高调。在严嵩面前，高拱从来都不买账。甚至有次聊天，高拱还故意引用韩愈的诗词，当面讽刺严嵩的嚣张跋扈。这要搁在别人身上，怕早被严嵩恶治了。但严嵩深知此人不好惹，不但没发火，反而满脸赔笑，一心套近乎。

而在徐阶面前，高拱也极其强势。老谋深算的徐阶早注意到这个政治新星，也一心着力拉拢。甚至有次高拱外出主持科举考试，出题却不慎犯错，差点被嘉靖皇帝办罪，还是徐阶好说歹说，才给高拱脱了干系。

严嵩和徐阶两位大佬，之所以如此善待高调的高拱，说到底，还是因为此人的背景：堂堂裕王的老师，别看眼下不发达，将来裕王登基，必然获得重用，搞不好关系就麻烦了。

而对这里面的学问，高拱也知道，所以严嵩得势的时候，他摆谱不搭理，后来徐阶得势，甚至主动推荐他进入内阁，他照单全收。但成了阁臣后，高拱对于徐阶的示好不但依然不搭理，反而拉拢同是新阁臣的郭仆，串通一气和徐阶对着干，俩人间的争斗，从嘉靖年间晚期就开始，直把徐阶气得够呛。

经过这几件事之后，高拱的形象也在群臣中竖立起来，一个嚣张跋扈、谁的账都不买的狠角色。

但即使从那时候起，高拱的嚣张却时常在一位后辈同事面前收敛：张居正。

作为后来万历时代独掌朝纲的大改革家，这时候的张居正，还只是个小角色。高拱认识张居正的时候，是在国子监祭酒任上，那时的张居正，还是他的副手，但俩人合作久了，高拱就暗自诧异：这个年轻人不单学问好，实干能力更强，是个有前途的人物。

而后俩人工作关系更进了一步，张居正在老师徐阶的关照下，也得到了高拱当年的机会，做了裕王的讲官，同样也成功抓住了机会，深得裕王的信任。张居正与高拱的关系也更近了一步，成了无话不谈的朋友。

事实证明，高拱不是见谁都狂，反而是真心服有本事的人，按照他自己的话说，满朝文武，他唯一看在眼里的，只有张居正。

而对张居正来说，这微妙关系却着实为难：一边是老师徐阶，一边是好友高拱，从嘉靖晚期开始，俩人就在内阁里掐，一直掐到嘉靖皇帝驾崩，昔日的裕王变成了隆庆皇帝朱载垕，却还是不消停。

而且和政治强人朱厚熜不同，隆庆皇帝朱载垕是个性格异常低调和淡泊的人物，执政最大的追求就是垂拱而治，国家大事基本都对大臣放手。

所以自从他登基后，凡事基本都是点头，决策都是大臣来。他这一放手，朝廷上吵得更凶了，每次朝会，都是唾沫乱飞。但对这热火朝天的局面，朱载垕的反应也出了名的淡定，甚至大臣吵闹半天，他就和没事人似的发呆，就当啥都没听见。

但毕竟此时朝中人才云集，朱载垕这一做法，倒比瞎指挥强，于是登基之后，一些正确的决策，也得到贯彻执行。尤其影响深远的，就是隆庆元年（1567年）的“隆庆开关”事件。当时虽然倭寇平定，但是海禁问题依然没解决，不开放海禁，东南肯定还要出事，但开放海禁，就是违背祖制，大逆不道，这咋办?

平日不说话的朱载垕，这次做了个聪明的选择：依照福建巡抚涂则民的奏议，做了个小小的制度修正，即海禁的祖制表面上不动，但是在福建月港却开放一个通商口岸，准许沿海商民从这里出发，出海做生意。此举的影响出乎意料的深远：大批的中国商人走出国门拓展海外市场，大明朝的商品出口量更是直线激增，沿海商品经济更像打了强心针似的，从此迅猛发展，最直接的影响，自然是财政收入，月港当地每年都收入大笔关税，还得了一个绰号："天子东南银库"。

而对于新君朱载垕而言，解决这个问题，只是小试牛刀而已。紧接着对他最大麻烦，就是老师高拱与老臣徐阶之间的掐架。

徐阶高拱对对碰

进入隆庆朝以后，徐阶和高拱之间的争斗，也更加白热化。

要说俩人之间的争斗，也不止是争首辅这么简单，更大的分歧，还在于二人的治国理念。

徐阶是阳明心学信徒，早年师从于阳明心学右派的代表人物聂豹，后来的行政手段，也深受其影响。徐阶不但行政上讲求稳定与小修小补，还特别热衷于讲学活动。而且徐阶还亲自主持各种阳明心学推广讲学，热情极其高涨。

按说单纯宣传学问，也不算坏事，但徐阶此时的身份，并不是学者，而是内阁首辅，他这样一带头，明朝上下讲学成风，官员们热衷此道，学术讨论闹得热烈，却没人干实际工作。这就应了一句老话：过犹不及。

徐阶的这番行为，不但高拱觉得过分，就连徐阶的弟子张居正也觉得过分。从思想主张上说，高拱和张居正，都深受明朝实学风气影响，做事讲求实际和效率，反对务虚空谈。特别是随着徐阶年龄增大，官样文章越来越多，也令高拱越发不满。

而俩人之间的直接冲突，从嘉靖晚期就开始了。当时徐阶的心腹同乡、吏部给事中胡应嘉，上奏弹劾高拱大罪，甚至暗示高拱有不轨之心。幸亏当时嘉靖皇帝已经病糊涂了，否则足够高拱倒霉。

这笔旧账，高拱还没来得及算，隆庆元年(1567年)，胡应嘉又出手了，这次又弹劾了高拱的亲信、吏部尚书杨博。这下高拱更火冒三丈，然后就犯了糊涂，竟然大手一挥，将胡应嘉革职了。

没想到这下可捅了马蜂窝。这次胡应嘉敢于出头，其实是有准备的。他弹劾杨博的事由是当年京查中杨博恶整御史言官。高拱这一发飙，就等于和全天下的言官为敌。这下后果来了：言官们群起而攻之，前仆后继地骂高拱，一来二去，高拱难以招架，只得自己上书辞职。

等着高拱黯然回家，他才回过味这事来，其实从始至终，都是被冷眼旁观的徐阶算计了：先是用胡应嘉来挑衅，然后吸引高拱报复，一报复就上钩，被言官们群殴，最终黯然去职。徐阶这老小子，够狠。

当然高拱这般状况，其实也和此时明朝的形势息息相关。高拱和徐阶二人，在治国问题上分歧严重，但此时新君登基，百废待兴，高拱所期待的大刀阔斧改革，此时还完全不是时候，徐阶的小修小补，却作用重要。因此，哪怕千般委屈，也只好牺牲高拱了。

而且几年的斗争证明，在徐阶面前，高拱的手段还是太低级，几乎每次面对面的交锋，差不多都处于下风。徐阶一把年纪，老谋深算，面子上从不吃亏，每次高拱刻意挑衅，最后都能被他重拳回击，高拱就没几次赢过。

但聪明过头的徐阶，这次却犯了糊涂，高拱这事办得太过了。朱载垕对高拱的感情，那是群臣都知道的，就是一万个徐阶，在朱载垕心里怕也比不过一个高拱。要是两人下能够共处，那还算好点，现在高拱啥事没怎么干，先把人赶走了，这还了得。

于是高拱走后，满以为日子舒坦的徐阶却发现，这工作还是越发难干。虽说内阁里基本换成自己人，连得意门生张居正都成了阁臣，但皇帝对他的信任，却是与日俱减，而且朱载垕和父亲不同，对宦官非常倚重。君臣之间矛盾也越发增多。闹了几次后，徐阶却突然尝到了高拱的滋味：被御史们弹劾攻击，眼看工作干不动，名声也快保不住，徐阶也明白了，这是朱载垕不想让自己干了。于是徐阶赶紧上奏请求退休，也不出所料，立刻被批准。

徐阶去职后，隆庆三年（1569年）十二月，在家闲住三年的高拱，终于再次得到任命，回任内阁大学士。闻讯的高拱不顾天气寒冷，立刻决定启程，而京城却立刻炸了锅。当年骂过高拱的诸多言官们，竟然吓得纷纷请求调动，其中骂高拱骂得最厉害的欧阳一敬，居然忧惧交加，一命呜呼：都知道高拱这人脾气大，报复起来怎么得了。

而这个时刻，高拱却体现出了一个政治家的大度：主动派门生传话，希望言官们以国家大事为重，并保证不会计较私人恩怨。而高拱对老对头徐阶的报复，却更有学问。徐阶退休回家没多久，昔日的直臣海瑞做了应天巡抚，在当地推行强力改革，并查到了徐阶家人侵占土地的罪证。这下可闹大了，徐阶被逼退田不说，两个儿子更给抓了充军，眨眼之间，处境极度悲惨。

为求自救，徐阶也能屈能伸，一面通过学生张居正，在内阁给高拱施压，警告高拱做得不要太过分。另一面言辞恳切，给高拱写了一封道歉信。这样双管齐下，高拱面子满足，也就抬了手，不再追究徐阶的责任。这以后的徐阶，在家乡著书立说，安度晚年，万历十一年（1583年）过世，总算善终。以这事说，高拱确有政治家的胸襟。

慧眼识才开新政

而在了断了与徐阶的恩怨后，高拱也开始在国事上大展宏图。在执政方略上，比起当年徐阶的修补来，他却是反其道而行之，虽说没有像张居正那样喊出改革口号，但具体施政却是一脉相承。

而其中高拱眼光最精准，且动作最大的，就是吏治的整顿。

自嘉靖年间起，明朝官场贪腐成风，风气大坏。虽然徐阶在任时，也想过很多办法，包括他最得意的讲学，其实就是抓廉政教育，但是收效甚微。

在这个问题上，高拱有独特手段，首先是严抓考核关。吏部的考核制度更完善，每个官员每个月的情况都要汇总，年终统一考核，不合格的就要严办。另外官员选拔也改了规矩，鼓励大批非进士身份的官员入仕提拔；但同样地，如地方官等职务，则交给年富力强的官员。而盐政、马政等以往被人轻视的职务，也格外受到重视，着力提高相关职务的待遇，并选拔干才。

在高拱的这番动作下，明朝的吏治考核状况一下大为扭转，官场效率也提速。而比起这些改革来，高拱判定官员的眼光，更是极其卓越。这其中典型的例子，就是几位封疆大吏的选派。

最著名的人物，当属主持平定西南叛乱的名臣殷正茂。此人精通军务，是明朝的封疆干才，但最大的毛病，就是贪污腐败，以至于虽然朝廷知道其才能，却轻易不敢信用。但高拱不管，眼看广西韦银豹叛乱越演越烈，便坚持选择殷正茂前往平叛，而且还特意发话："殷正茂要多少钱军费，就给他多少钱，不用查账，只要他能平叛，就不怕他贪。"关于这条，当时的老搭档张居正也不明白，结果高拱解释说："我让他贪，但他能办了事，如果找个廉洁的，但是事情办不了，岂不是花冤枉钱？"

高拱用人，一向都是这个特点，用人用其长。而他更加卓越的抉择，便是著名的隆庆和议。

隆庆和议发生在隆庆四年（1570年）十月。当时一直侵扰明朝边关的蒙古土默特部爆发了大内讧：可汗俺答的孙子把汉那吉，竟然公开向明朝投诚。论原因，却是因为婚姻纠纷：把汉那吉眼看就要结婚，新娘便是著名的三娘子，谁知祖父俺答也对新娘子动了心，干脆抢先一步，自己先和这位美丽新娘成亲了。

这下把汉那吉怒了，一跺脚投奔了明朝，但接着麻烦也来了，俺答立刻带着大兵跟来，在宣大边境晃荡，嚷嚷要明朝交人。

老谋深算的高拱，这次却看出来破绽：俺答表面嚣张，其实外强中干，极怕明朝一怒之下，将其孙子杀掉。因此，高拱因势利导，命人与俺答谈判，两家很快达成协议，把汉那吉受封了官职，被明朝放回，还赐予了大笔礼物。双方的关系，一下子缓和下来了。

紧接着趁热打铁，双方又开始商讨通贡互市问题，这是俺答一直梦寐以求的事情，无奈长期以来，明朝不搭理，以至于边关战争不断。

而对于这事，高拱也一直有主张。自从高拱执掌内阁后，就着力发展军备边防，不但马芳等名将多次立功，让俺答尝到战败的滋味，而且此人做事极细，就连边境的州县，也都换了精明强干的官员，且提高了相关待遇，因此边关稳固，逼得俺答早就想认输，把汉那吉事件不过是就坡下驴。

这样一来，协议很快达成，但是这事在明朝，还是遭到了很大阻力，好些重臣也反对，甚至为此还搞了个投票行动，结果竟然是票数相等。关键时刻，隆庆皇帝朱载垕，再次体现了一个政治家的担当：做主拍板同意。

隆庆五年（1571年）三月，著名的隆庆和议正式达成：明朝封俺答为顺义王，其兄弟、亲戚、部下也都相继封了官职。

双方开放贸易互市，从此以后，北方汉蒙两族之间的贸易蓬勃发展，宣大一线原本燃烧了一个世纪的战火，从此也彻底熄灭，之后六十多年里，双方再未爆发战争。

除了边境战事外，在大规模整修黄河上，高拱也有建树，大胆提拔了司法官员出身的潘季驯，主持了大规模的黄河修治工作。几项政绩下来，成就着实斐然。

而业绩不错的高拱，也开始飘飘然了，他本来就是个傲气冲天的角色，这下更是专横无比。尤其是他这人还有一大毛病：急脾气。工作交代下去，定期就要干完，干不完就要追责，一点不顺心就逮住同僚骂个没完。日久天长，高拱越发招厌。

这样一来，内阁里的几位老同事，也都一个个受不了他。像陈以勤、李春芳几位，本来都是和高拱一起为朱载垕讲学的老同事，关系一直不错，这下纷纷反目。特别是李春芳，挂名的首辅、出名的好脾气，都受不了高拱的跋扈，主动打报告辞官。更雷人的是殷士儋，实在受不了高拱的欺负，竟然在内阁里挥拳殴打高拱，演出了明朝内阁历史上一场活剧。

结果一通闹下来，高拱有了首辅的名分，内阁的成员、往日的旧友，竟然就只剩下了张居正。到了隆庆六年，高拱权力更盛，上有皇帝信任，身边门生簇拥，权力如日中天。

而一向与高拱亲密合作的张居正，长期以来都是扮演小弟角色，但高拱得寸进尺，越发嚣张。眼看老同事都给排挤得差不多，张居正也着慌，心里也打开了算盘：等着他轰走我，不如我轰走他。

高拱此时实力太大，不管拼哪方面，张居正都不是对手。但张居正有办法：拉外援。

张居正的外援对象，就是宦官集团的二号头目：东厂提督太监冯保。

说起冯保和高拱的恩怨，说来也是高拱自找。深得朱载垕信任的高拱，不但抓住了内阁大权，甚至手还伸进了司礼监，连司礼监掌印太监的人选，都由他来操控。

而在这事上，高拱的态度也很明确：就得找没本事、容易控制的。于是先是陈洪，又是孟春，一个是管日用品出身，一个是做饭出身，全是摆设。

但冯保就惨了，此人能力出众，既能管特务，文化水平又高，还精通书画收藏，外加一肚子心眼，实在不是个善茬。因此，高拱百般提防，拼命压制，终于把冯保压制怒了，和张居正一拍即合。

孤傲强人惨遭算计

就在俩人顺利勾结后，隆庆皇帝朱载垕的生命也走到了尽头，他虽然才三十六岁，而且国家大事很有主意，无奈自幼体弱多病，登基后又做甩手掌柜，成日沉溺玩乐，结果身体早早垮掉。隆庆六年（1572年）五月，朱载垕去世，庙号明穆宗。八岁的小太子朱翊钧即位，次年改年号为万历，这就是大名鼎鼎的明神宗万历皇帝。

在人生的最后时刻，朱载垕对于高拱还是寄托了厚望，当众对高拱说："国家大事，还需要您多多操劳啊。"高拱也放了心，以顾命大臣自居。孰料一宣读遗诏，却完全不是这么回事："竟然宣称国家大事由内阁和司礼监共同商量。"这下高拱傻了，大明的祖制不给破了吗？紧接着一颗炸弹又扔过来：司礼监的掌印太监也换人了——冯保。

这下高拱明白了，背后一定有人搞鬼，但经过这么多次政治斗争的胜利，他这次信心也很足，觉得不过是冯保背后小动作，很容易对付。结果高拱很快发动了攻击：不但亲自上书揭发冯保奸诈，更发动门生写奏折弹劾。按照高拱的算计：小皇帝岁数小，这么一吓唬，必然拿冯保开刀。

但没有想到，张居正早和冯保勾结，高拱的这番算计，先由张居正告诉了冯保，接着俩人火速行动，跑到万历皇帝母子处搬弄是非，尤其是高拱私下说话不注意，一句"八岁孩童，如何治天下"被冯保添油加醋，变成了"八岁孩童，如何做天子"。一句话说错，后果很严重，外加冯保动用特务机关，硬给高拱安插个迎立外藩的罪名，这下高拱没救了。次日一早，圣旨就下来了：高拱擅权无君，逐回乡里。

这样一个突然袭击，着实出乎高拱预料，他自己闻讯后脸色苍白，险些没栽倒。算计了高拱的张居正，倒是好人做到底，还给高拱申请了公费的马车，护送高拱回家乡。但整个过程对于高拱来说，却是个奇耻大辱。他与张居正的往昔同僚情谊，就此彻底决裂。

黯然回家的高拱，过了几年孤独凄凉的生活。万历六年（1578年）病故于家。在此期间，冯保还曾罗织罪名，污蔑高拱谋反，差点将其逮回京城问罪。幸亏一干同僚拼命营救，这才逃过一劫。一直到万历皇帝亲政后，下诏书称高拱“担当受降，北掳称臣，功不可泯”，赐太师爵位，谥号文襄。这位亲手开启隆万改革，为明王朝焕发第二春的政治家，名誉终于彻底昭雪。

一碗绿豆汤预埋了张居正的悲剧命运

要评选明朝三百年里最为霸气嚣张的内阁首辅，当仁不让的，正是大名鼎鼎的万历首辅张居正。

大明霸道首辅

这位大佬的干云豪气，仅看名号就知道：“首席活太师”。“太师”这个过往只追认过世官员的荣誉称号，他还没退休就照单全收。全称是“正一品太师兼太傅、中极殿大学士”。这些通常只在戏台上出现的权臣至高荣耀，他生活中就早早完美实现。

比名号更霸道的，当属日常表现。就以平时入朝来说，朝堂之上，每逢夏季烈日灼心，张太师的身边总站着俩忠心耿耿的宫廷佣人，专门负责打扇子，堪称全自动人工空调。到冬天风雪寒冬时，张太师的脚底下，准又会铺好热毡布，保证从头到脚暖洋洋。如此特殊待遇，连那时的官场菜鸟、后来的东林党大佬顾宪成，都曾忍不住私下吐槽，大体意思说这景象乍一看去，还以为穿越到三国时代，见到了传说中的曹操。

但要看到张居正的其他行为，却更深感曹操不是传说。

身为万历皇帝的家庭教师，平日对小皇帝学习抓得紧，从来不拿皇帝当领导。小皇帝想偷个懒、吃顿好饭、玩个新鲜游戏，都会给张居正上纲上线一顿猛批。日久天长，万历皇帝幼小的心灵，都落下严重的心理阴影。每次只要老妈（李太后）说句这事让张居正知道了咋办？万历皇帝立刻就像熊孩子见了大灰狼，吓出一身冷汗的时候都有。

而张居正的私人生活，也是相当摆谱。虽然成天要求皇帝艰苦朴素，自家的骄奢淫逸却是半点没落下。张居正日常说话都高调，标榜自己不是宰相，而是学周公摄政。张居正吃饭穿衣，更常极讲排场。连后来老父过世，哭哭啼啼回家奔丧，张居正都要坐三十二人台的超豪华大轿，两旁还有大明精锐火枪骑兵护卫。从北京出发回湖北，一路浩浩荡荡，看呆沿途众人。

不夸张地说，自从成为大明首辅后，张居正的霸道指数堪称连年突破新高，连创大明后无来者的记录。

但实事求是说，如此高端大气，放在张居正身上，却也实至名归：这是他十年如一日，辛辛苦苦实打实的改革政绩换来的。

伟大的张居正改革

自从隆庆皇帝朱载垕驾崩后，以深不可测的心计，成功算计掉老首辅高拱后，四十八岁的张居正，获得了以往大明首辅都不可能有的大好施政机遇：前任高拱打了好家底，顶头领导万历皇帝还是小毛孩，司礼监掌印太监冯保更是自家铁兄弟。

可谓要人有人，要权有权，正是大展拳脚的好时节。

如此大好春光，张居正也不曾辜负，在认真接过了老对头高拱的接力棒后，他以十年的时间，爆发出惊人的能量，成功启动了伟大的张居正改革，令原本在凄风苦雨中惨淡经营的明王朝，终于迎来了破茧重生，焕然迸发出万历中兴的美丽图景。

这骄人的业绩有多美？就先看大明朝的腰包有多鼓。由于一条鞭法的顺利推行，不但传统农业税滚雪球般增加，工商业更一片蓬勃繁荣。这十年大明朝的财政收入，平均水平相当于之前隆庆年间一倍多。仅中央户部和兵部太仆寺两个部门，每年的收益就高达八百万两。国家各府库的粮食储备，更丰厚得盆满钵满，号称六年闹灾不打粮都吃不完。自从嘉靖中兴时代后，明朝政府已经差不多半个世纪没这么富得流油过。

民间老百姓的生活，更是舒服得滋润，以至于一个多世纪后的清朝康熙年间，还有老遗民冒着杀头风险写下诗文回忆，表达深情怀念：物价一直平稳，甚至到了“斗粟文钱”的地步。一些经济发达地区，六七文钱就可以买一斤肉。一条鞭法强力推行后，老百姓要纳的税大大减少，以出生于万历元年的明末清初文学家陆应的回忆说，那时候真是“大家小户好不快活”。

而且鲜为人知的是，明朝傲视人类古代史的公共福利建设，也正是在这十年到达顶峰。有钱的大明朝，社会福利花钱也大方。比如专门收容鳏寡孤独的养济院，这时期已完美升级，规模比较大的，竟都扩充到两千多人的规模，而且收容范围更大，连遇灾没工作的壮劳力也都能收，不但给钱还给土地。至于日常赈灾，更由于商品经济发展，物资调配更加科学合理。明朝还曾不惜血本，重新大规模整治河道。张居正改革时期一件今天国人特别漠视，但外国学者十分惊叹的功业是：这十年明朝不少闹灾，却因救济合理，从未闹出饥歉。

当然比较让后世熟悉的事情，还有明朝军队华丽转身的硬实力。北方在戚继光、李成梁等一干猛将的主持下，边军战斗力直线上涨。以前经常被鞑靼打上门，这时却是常主动出击，长途奔袭几百里追着鞑靼打。而且打得还很艺术，以张居正的谋划，对已经投降的鞑靼阿勒坦部，要好吃好喝好好团结。但对东北的鞑靼，却是其想投降也不许，从头打到底，就是打给鞑靼看，瞧瞧跟大明作对是啥好结果。

于是在这一政策的鼓励下，辽东总兵李成梁很快就火了。以一支战斗力强悍的辽东骑兵，年年追杀敌军，美其名曰“捣巢”，时不时就会派人进京报个捷领个功劳。有他这个成功例子，“捣巢”一度成了东北明军的流行时尚，好些嚣张总兵一高兴，都带着铁骑杀去刷军功。而一直都很火的戚继光，由于太过生猛，出手就把人往死里打，以至于哪怕对手饿得眼发花，恨得牙痒，也不敢找他的麻烦。虽说戚继光没仗打，但练兵却没落下。戚继光一直苦心练就的北方戚家军七大车营在整个万历至天启年间，都是大明精锐力量。后来从东边的日本到西北的青海、蒙古，再到西南的杨应龙，都挨过戚家军的揍。

而这十年，另一件后世知名度不高，却相当杰出的军事成就就是大明海军的重生。确切说来，这件事是在嘉靖抗倭时代重新启动，却到张居正改革时代才真正开花结果。成化正德时期大明海军惨遭连年裁撤，甚至船造大了都要办罪，早期被葡萄牙乃至倭寇的战船轻松虐的大明水师，终于满血复活：巨型战舰越发增多，体积巨大的一号福船和蜈蚣船成了大明海防的大杀器。火器装备水平更完美超过郑和下西洋时代，佛郎机早已大规模装备，一号大福船上更有了千斤巨型重炮。最为凶悍的，当属戚家军的海军，其王牌一号福船有巨型火炮两座，大型佛郎机火炮八坐，在当时的东亚海洋上，堪称最恐怖的巨无霸。

而比起嘉靖以前的海军来，张居正改革时代的明朝海军，已经实现了火力完美升级。比起当年只有碗口火铳等火器来，不但武器杀伤力更大，战术水平也更成熟。过往诸如大青船等类型的战舰，早已被淘汰成运输船。明朝海军的火器使用率，更到达百分之七十以上，规模也更庞大。沿海主要省份，海军都已成为独立的兵种，如浙江、福建、广东等省份，都各自有大小战舰上千艘。正是这强大的海军力量，在后来的万历朝鲜战争中，给了骄横的日本毁灭性打击。

如此骄人的军政民生成就，正是靠张居正的卓越能力得以实现。这位霸道强硬的大明首辅，令大明政府重新焕发了高效的执行力。彪炳史册的考成法，造就了大明“虽万里外，朝下而夕奉行”的惊人情景。整个大明官场，上下拧成一条绳，热火朝天的变法改革建设。这是自朱元璋时代后，大明朝又一个堪称辉煌的激情建设年代。

而造就这样一个奇迹的张居正，若总结成功经验，除了其

“孤不畏也”的强硬决心和深沉心计手段外，另一个重要的因素，就是用人水平。

一碗绿豆汤的用人败笔

在张居正纵横捭阖的辉煌人生里，高超的用人技巧，曾是他最为得意的妙笔。

早在隆庆年间，他与老首辅高拱既斗又合作的年月里，张居正的心腹干将们，个个都以能力强著称。后人比较熟悉的，当属民族英雄戚继光，这位将才先打倭寇，后打鞑靼，从南到北横扫，给张居正挣够了荣光。

而除了能打的戚继光外，还有很多今天知名度不高的张居正亲信，作用同样举足轻重。比如王国光，这是张居正改革时代的财政牛人，其著作《万历财政录》，堪称中国财政史上的里程碑著作。又如郑洛，这位刚正御史，被张居正慧眼提拔，成为西北封疆大吏，后来更主持平定了青海动乱。再如张学颜，堪称既能带兵又能管钱的全能人物，曾经作为辽东巡抚，和李成梁搭档破敌，后来做户部尚书，主持土地清丈。张居正的每一样辉煌业绩里，都有这些好队友的汗马功劳。

特别值得称道的是，在用人技巧上，张居正的手腕也很圆熟，早期更特别大气。他的好些干将，其实最早都是老对头高拱选拔信用，比如殷正茂和潘季驯，一个会打仗一个会治黄河。到了张居正当权的时候，一样对其信任有加。

而在用人方式上，张居正更把驾驭技术，演绎得炉火纯青。比如对戚继光，那真是百分百力挺，从来要人给人、要钱给钱。但他做得更到位的，却是心理辅导。张居正对戚继光这位老部下的性格弱点，早就心知肚明。每次遇到什么事情、戚继光担忧什么，张居正都能提前判断清楚，写信告诉戚继光该怎么做。尤其恐怖的是，就连有新同僚到任，戚继光会和新同僚发生什么冲突，张居正更能提前判断明白，写信谆谆教诲戚继光。如此精明心术，令戎马一生的戚继光也十分叹服，一直对张居正恭恭敬敬。

而当时另一位杰出名将，常年组团深入大漠杀敌的辽东总兵李成梁，却并非戚继光这样的老实人，除了能打仗外更能惹事。李成梁有仗打的时候很凶猛，没仗打的时候却捅娄子。日常打仗，李成梁就喜欢虚报军功吹牛，有时为了涨政绩，竟然连杀良冒功的恶心事都干。

而对这个不省心的角色，张居正也很有办法。每次李成梁的功劳报上来，张居正面上装糊涂，私下里却写信警告，把这家伙的报告里注了多少水，都点得清清楚楚。特别是万历六年，李成梁杀良冒功骗了奖励，张居正接到战报二话不说，就写信把李成梁骂得狗血淋头，吓得李成梁读完信后哆哆嗦嗦，好些天都没缓过来。因此，张居正当政时期，这人一直很老实。李成梁后来变得不老实，以至于给明朝挖了大坑，只能说后来的首辅，没张居正这用人水平。

但是如此精明厉害的张居正，生前荣耀到极致，身后却非常悲惨：过世后就被亲政的万历皇帝清算，追夺了一切荣誉不算，还被抄家，儿子被活活拷打至死，子孙遭充军流放。这位明朝最伟大的改革家，差点就遭到灭族厄运。

为什么会惨成这样？除了万历皇帝自己多年积攒的怨气，还有铁腕改革招来的反对外，一个张居正的私人原因也不得不提：成也用人，败也用人。

厉行改革的张居正，以其强大的业绩，树立了独特的威权。其宦海生涯的晚期，几乎到了风光无限的地步。比如万历十年二月他病重时，就成了轰动北京的大事，京城大小寺院里，各路官员都摆了道场为他祈福。道场专用的黄纸，竟都成了稀缺货，一上市就全卖光。专业写颂词的枪手，那时都成了热门工作。

如此风光霸道的狠角色，自然也招来无数追随者，好多人才削尖脑袋，卖力逢迎巴结，渴望成为他团队的一员。可比起早年的慧眼识人来，这时风光无限的张居正，却也犯了凡人难免的错误：头脑发热。

张居正后来收进来的人物，从门生到亲信，不再简单的唯才是举，相反收进了好些能拍马屁的角色。就以万历五年，张居正父亲过世后，他因拒绝回乡守制，闹出了著名的夺情风波，连他的门生赵用贤、吴中行等人，都愤然上书抨击。闹出了大明王朝开国后最神奇一幕：学生弹劾老师。

可后人说起这段历史时，却忽略了另一个肉麻的场景：张居正的学生里，少数人这样愤怒地骂他，但更多的人却在肉麻地拍他马屁。比如张居正回家奔丧时，湖广巡按赵应元因为生病，没参加欢迎仪式。张居正本人没说啥，其亲信佥都御史王纂就怒了，立刻罗织罪名，竟把赵应元罢了官。直臣海瑞的铁哥们、户部员外郎王用汲看不过去，上书给赵巡按鸣不平，竟被张居正愤然下狱，如果不是次辅张四维说情，就要拉出去杖责。在张居正的面子前，生病都是错。

就连张居正的老父，晚年也沾了儿子的“光”。这位老爹一把年纪，却在家乡欺男霸女，名声十分差。对这件事，张居正自己倒也认账，说父亲在家乡犯事，地方官都不敢管。而且张老爹名气不大，却干出了大明开国后自李善长灭族后最逆天的事：家里修个房子，都敢叫锦衣卫来当工程队。对比李善长调五十个士兵修房子就惨被送上法场的经历，万历年间真幸福。

于是一直被冠以改革家称号，且在诸多主旋律影视剧中，时常上演清正廉洁感人戏码的张居正，腐化也就不由自主。以张居正自己书信里的感慨，说仅两广地区各级官员的孝敬，不敢直接送他，却拐弯送给他爹的，每年就有好几万两白银。特别让张居正无奈的是，有些人一次送礼被拒了，就以为是嫌送得少，非要一而再再而三地送，直到收了才罢休。于是一开始还讲原则、树正气的张居正，越发地来者不拒。

但这变化里最严重的，倒不是张居正黑了多少钱。事实是从最后抄家所得看，张居正的家产不算少，可比起明朝诸多首辅，还算有操守。人格的越发飘飘然没节操，才是最要命的。

晚年的张居正，一反早年的厚道形象，不但对政敌往狠里整，用人更良莠不分。以前是哪怕反对自己，只要有才就用。

晚年却变成了哪怕没才，只要会拍马屁的也用。顺不顺自己心、听不听自己话，成了张居正选拔人才的一条重要标准。

在这样的心态下，这位杰出的改革家人生里的很多丑剧，也在陆续上演。不说回家坐拉风的大轿子这类事，就说后来张居正老母进京，沿途的官员们个个像打了鸡血一样兴奋，争先恐后地卖力表现。老太太轿子所过之处，全是各种五花八门的敬奉，每天吃的尽是各地山珍海味，直把老太太吃得肚子滚圆。

却还是通州知县张伦更有创意，张母停歇通州时，他热情地送来了香喷喷的绿豆汤，这下可给吃腻了山珍海味的老太太清了肠胃，直喝得心花怒放。等着到了北京，老太太还止不住地夸张知县，说着一路上就是通州的绿豆汤好喝。张居正二话不说，第二天就把张伦提拔成户部员外郎。一碗绿豆汤换来的高官，实在是太赚。

张居正这件事办得有多雷人？对比早他二百多年的湖北前辈，开创仁宣盛世时代的内阁名臣杨溥就知道。杨溥的儿子进京探亲，见了老爹就说这一路上各地县令都对其恭敬，唯独天台知县范理不开眼，根本就不买他的账。听了这事后，杨溥也当机立断，立刻举荐范理为知府。两位内阁大学士的头脑清醒度，这事高下立判。

头脑发热的张居正，生前未能明白，过世之后却应验了苦果：他生前热心提拔的诸多听话心腹，当年捧他多高，死后就踩他多狠。比如内阁大学士张四维，一直卖力逢迎张居正，没想到万历清算张居正时，也是他做了急先锋。还有陕西道御史杨四知，当年张居正得意时，他称赞张居正是大明的参天大树，张居正尸骨未寒，他就紧锣密鼓地来刨树。他先上书弹劾了张居正十四条大罪，而后又发明出一些奇特的罪名，比如说张家的儿子特别变态，要听砸碎玉碗的声音才能吃下饭，一顿饭就要砸碎几十个玉碗。他又造谣说张居正的钱多得花不完，火盆装了几十个。

他这些话可信不可信？瞧瞧万历皇帝的吐槽就知道。恨透了张居正的万历皇帝，看了杨御史的揭发也大怒，说："你们这些御史，张居正活着的时候，啥话都不敢说，张居正死了以后，却是啥话都敢乱说。你们就没个靠谱的时候。"

后人慨叹这些人忘恩负义的时候，其实也该看到，这帮人和不靠谱的闹剧，起因还是晚年张居正看走了眼。一碗绿豆汤就能提拔个员外郎，自然是啥不靠谱的人都收。

特别值得一说的是，当年张居正最风光的时候，他一手提拔的亲信于慎行得罪了他。当时张居正特别委屈，说："我对你于慎行这么好，你为什么还要攻击我。"于慎行正色回答说："正是因为您对我有恩，我才不能眼看您犯错误。"

而等到张居正过世后，先前遭到张居正凶狠打压的于慎行，却在张居正惨遭清算的逆流中，彰显了英雄本色：不断上书万历皇帝，为张居正家人说情。甚至在万历皇帝拍板要抄张居正家，派出酷吏邱橓出马后，于慎行却依旧不依不饶，苦口婆心写信劝丘橓：张居正虽然私德有错，但他对国家忠诚，他做的事情是有益于国家的。您可一定要分清楚啊。

可是就后来张居正家发生的惨剧来说，那时候的明朝，能分得清楚的人实在是太少了。分不清楚的大明朝，轻易挥霍了张居正十年改革的成果，万历中兴的辉煌，也注定是昙花一现。

用好这两个人，也许崇祯帝不会死

明朝历代诸帝中，崇祯帝是个后人最同情的可怜人：辛苦十七年，劳心劳力励精图治，却内外败绩不断，打击连连，百官更是昏聩无用，不是混事就是败事。到最后大厦将倾，北京沦陷，崇祯帝落得悲情上吊于煤山的下场。崇祯帝临终前撕心裂肺高呼一句“诸臣误我”。几个世纪以来，也总令后人心痛。

但可怜之人，必有可恨之处，崇祯帝呢？

要论崇祯帝最可恨之处，对照他悲情的命运，可能有些残酷。但一个事实却是崇祯帝与一个铁腕君主最大的差距，不是勤劳，而是用人。

他在位时期，曾经无比信用的臣子们，对照后来李自成占北京后的表现，绝大多数都十分不堪。最被他宠爱的内阁大学士陈演和魏藻德，一个被李自成查出贪赃，私吞的白银埋得家里满地窖都是，另一个主动卖身投靠，为了表忠心在农民军战士面前慷慨激昂，大骂崇祯帝无道，结果连打崇祯帝打了一辈子，素来暴虐的农民军大将刘宗敏都看不下去了，上来就是两个耳刮子：“崇祯帝有什么对不起你的，你竟这么说他！”

就这些人的所作所为说，崇祯帝这辈子，真是瞎了眼。

要说他用过的人，一个好人没有，当然也不对。但更严重的情况是，即使遇到了靠谱的臣子，他也不会用。

至少有两个人，倘若他能用对，不会亡得那样快。

第一个人，便是卢象升。

崇祯帝知道这个人，还得从他在位第二年，皇太极首次破关南下，兵临北京说起。当时大明防线崩溃，各路援军畏缩不前，十九岁的青年皇帝第一次体会到心寒齿冷的痛苦。

却有一个年轻人，给他送来了春天般的温暖：不到三十岁的大名府知府卢象升，竟然在当地招募了一万多民团，千里迢迢到京城来勤王。面对凶悍的满洲八旗和烧杀劫掠的惨相，这群从未见过刀兵的民兵，以及那位相貌俊秀的知府，非但毫无惧色，反而群情激昂，多次积极请战，嗷嗷叫着要去玩命。至于卢知府本人，更屡次建言战事，对战局的分析和战略的制定，个个都丝丝入扣，事后对照，十分靠谱。

于是崇祯帝也记住了这个靠谱的人，记住了他的聪明、睿智、带兵有方，更重要的是他的热血与忠诚。

卢象升，字建斗，江苏宜兴人，天启二年中进士，先做户部主事，又做大名府知府。在崇祯二年（1629年）那场兵灾前，他的日子过得很普通，东林党众正盈朝时，大家都忙着巴结东林党，他偏不巴结。后来魏忠贤当权了，大家又忙着巴结阉党，他还不巴结。

别人闲着的时候喜欢看书、下棋、听戏，他闲着的时候喜欢骑马、射箭、练武；别人读的书，最多是四书五经，他最喜欢的一本，多年来走到哪里带到哪里却是戚继光的《纪效新书》。然后就是崇祯二年，他彻底不普通了一把，后金军来了，别人要么缩头要么逃命，他招了一万人，雄赳赳气昂昂要上战场。

从这以后，不普通的卢象升，就走上了一条不普通的人生路。崇祯三年（1630年）卢象升升了官，提拔成负责练兵的昌平、大名、邢台三地练兵的参政。巧合的是，这三个地区，恰是当年戚继光蓟州招兵的地方。卢象升捧着戚继光的书，有样学样地摸索着干，外带自己一点发明创造。

到了崇祯六年（1633年），卢象升真练出了一支精锐来。这时明朝西北农民起义已经大起，李自成、张献忠、高迎祥，没完没了地在陕西、山西、河南等地折腾。卢象升临危受命，先率军开赴山西，在山西冷水村大破农民军数万人。此战异常凶险，卢象升先率军破敌，将农民军逼至山崖，对方用冷箭射伤卢象升额头，卢象升不惧，抹着满脸血提刀带头冲锋，终把这股农民军击溃。此战得胜后，卢象升有了一个绰号“卢阎王”。这支战斗力强悍的军队，被命名为“天雄军”。

天雄军之所以战斗力强，与卢象升对戚继光军事思想的研读不无关系，但他同样也有自己的发明。天雄军的士兵，大多来自同一个地方，且相互之间多有亲属关系，凝聚力极强。与此同时，天雄军的中级军官，许多都是由富有战斗经验的文官担任，这些人无匪气、有血气，打起仗反而更勇猛，纪律性更强。

当然如此凝聚力，也得益于卢象升本人的“带头作用”，每次打仗，他都是冲在最前面，另外军队有军规：冲锋时，军官要冲在士兵前面，军官落在士兵后面的，战后定斩不饶，真是吃苦在前享受在后。上面这几条，几百年后几个湖南书生有样学样，打造出了一支深远影响近代中国史的铁血强兵：湘军。

从崇祯六年起，卢象升率领他的天雄军，先战湖北旬阳六县，率孤军深入山谷绝地，九战九捷，消灭农民军马回回部数万人，继而又在崇祯八年（1635年）官升“五省总理”，节制江北、河南、山东、湖广、四川军务，并被赐尚方宝剑。六个月后，卢象升在洛阳大破李自成，并一路追杀到滁州，与三十万农民军血战，经一天一夜战斗，再次打垮李自成，迫使李自成逃往陕西。短短三年间，卢象升大小百余战，先后击败李自成、高迎祥、张献忠等部，可谓大明朝的擎天柱石。

此时的大明帝国，已经是内忧外患，如此擎天柱石，自然是哪里有裂缝往哪里顶。内战的裂缝刚刚顶住，外战又来了。崇祯九年（1636年）一月，清军（此时后金已经改国号为清）大举进攻宣府、大同地区，这两地自隆庆年间和蒙古封贡互市以来，已经“六十年不识兵革”，当地守将不敢接战，只是龟缩堡垒消极防守。二月，明王朝把正在与农民军血战的卢象升调任宣大总督。之后两年，卢象升在当地整顿军队，修筑边防工事，将一直跟随自己南征北战的天雄军带来，在当地吸纳精壮，扩军备战，到崇祯十一年（1638年）时，已有了两万人规模。他深信，这支彼时中原战场最精锐的军队，将是他匡扶天下的利器。

这段时间，崇祯帝对卢象升保持了推心置腹的信任，期间朝中不断有言官弹劾他，崇祯帝皆充耳不闻。特别是崇祯十年

（1637年），卢象升的好友户部尚书侯恂（即戏剧家侯方域的父亲）获罪，刑部尚书郑三俊意图从宽发落，被大怒的崇祯帝连带陪绑。眼看两人性命不保，远在宣大的卢象升主动为二人说情，崇祯帝随即应允，将两人开释。这时期的崇祯帝，对卢象升是信任备至的，然而到了崇祯十一年（1638年）八月，卢象升遭遇了崇祯帝最大的信任危机。

这年八月，清军再次集结八万大军，由多尔衮率领经蒙古草原绕道南下，进攻北京外围。九月二十二日，清军破密云，杀蓟辽总督吴阿衡，兵下通州，眼见北京城危在旦夕。卢象升火速驰援，临危受命被崇祯帝委任“总督天下兵”，赐尚方宝剑。彼时卢象升，手握宣大精骑、关宁铁骑等诸路劲旅，旌旗招展，与清军八旗相持。

深知责任重大的卢象升决定主动出击。九月三十日，卢象升进军保定，决定先打保定清军。是日深夜，卢象升发起夜袭，派三千精锐奇袭，战前下死命令“刀必见血，马必喘汗，人必带伤，违者斩”。战事爆发后，卢象升身先士卒，明军奋勇冲杀，清军反应不及，一度溃却。

当卢象升欲主动出击时，却惊讶地发现，他的后续部队竟突然消失了。原来崇祯帝派来的监军太监高起潜竟擅自撤退，把率先冲阵的卢象升给“晒”了。还好明军死战，终从清营突围而出，但是伤亡过半。经此一战，保定清军稍却。可兵部尚书杨嗣昌却大肆渲染，指责卢象升擅自出战，以至大败。次日卢象升被崇祯帝下诏申斥，满腔杀敌之心，连遭冷水。

高起潜给卢象升捣乱，是因为人品问题。高起潜此人性情贪婪，是崇祯帝信任的“御马监总管”，出外监军时常大肆索贿，如洪承畴、邱禾嘉等人皆大笔贿赂，唯独卢象升不买账，自然结了梁子。

杨嗣昌整卢象升，是因为“路线问题”，彼时明朝内忧外患，杨嗣昌坚信“攘外必先安内”，主张与清军媾和。卢象升却不愿搀和，在驰援京城面见崇祯帝时，就曾以“臣只知带兵打仗”一句，讽刺杨嗣昌的求和政策，二人因此结怨。

崇祯帝本人也在战和之间犹豫不定。卷进这个漩涡，卢象升自然处处掣肘。

保定之战后，崇祯帝求和之心大起，杨嗣昌又添油加醋，为不让卢象升给议和大事捣乱，崇祯帝一面命卢象升进兵巨鹿，一面将卢象升本部兵马尽数拆分。十一月，卢象升进抵巨鹿抗敌，身为“总督天下兵马”的他，手里竟然只剩下一万兵马，他的精锐天雄军大部以及原本应由他指挥的关宁铁骑，皆被高起潜扣着。

巨鹿地处要冲，是清军必争之地，见卢象升兵少，清军起初存轻视之心，多次发动进攻，都被卢象升奋力打退，整整一个月，清军竟数度攻巨鹿不克。这时杨嗣昌又添乱，将卢象升的士兵又调出五千归高起潜。十二月，多尔衮集中八万主力围攻巨鹿。开战之前，卢象升抱定必死之心，召集当地乡民哭泣说：“我等死在旦夕，不愿连累百姓遭兵。”

为免当地百姓生灵涂炭，卢象升决定主动进攻，向清军主力发起绝死攻击。百姓无不感动，纷纷捐出家中仅有口粮。十二月十五日，卢象升率部在蒿水桥与清军交战，八万清军将卢象升部重重包围，战斗从中午打到深夜，在付出了巨大代价后，清军终于全歼了卢象升部五千兵马，卢象升本人在杀了二十多名清军后，率仅有的二十余人冲向清军军阵，乱箭之中壮烈殉国。

可恨的是，卢象升血战时，高起潜率领的数万精兵与他相隔五十里，却见死不救。卢象升殉国后，杨嗣昌还在拼命整他的黑材料，甚至逼迫巨鹿知府诬陷卢象升“畏敌怯战”，卢象升尸首被杨嗣昌扣押五十天不上报。卢象升死后，崇祯帝竟然两年多不给抚恤，直到崇祯十五年（1642年）才给予追谥，可谓刻薄之极。崇祯帝之所以如此，主要还是卢象升坚决主战，不合他的心思。一棵擎天柱石，虽是被清军杀死，不如说是被崇祯帝坑死。

卢象升的死，对明王朝的打击是沉重的，在明末农民起义时期，卢象升是对农民军胜率最高的将领，高迎祥、李自成、张献忠等皆一度被他打得奄奄一息，他亲手打造的天雄军，即使在对阵满洲八旗时也毫不逊色。人品上，卢象升为官清廉，作战身先士卒，公平处事，凡事起带头作用，比如部队缺粮，他就带头断粮，部队打仗，他就带头冲锋。其人格魅力，就连许多嚣张跋扈的兵匪也格外敬服，比如关宁铁骑的悍将祖宽，镇压农民起义初期是个出了名的贪婪横暴的角色，洪承畴、杨嗣昌皆不能节制他，他唯独对卢象升服服帖帖。如此人物，竟无法在崇祯帝手下施展拳脚，晚清名臣左宗棠西征时，读到《卢象升传》，不禁感叹道：“如此际遇，诚为天下志士恨。”

卢象升的殉难，好比一根擎天大柱轰然倒塌，但除了卢象升外，当时大明，还有另一根坚实柱子：孙传庭。

说到孙传庭，后人有一句通用的说法："传庭死，明朝亡"，他是大明朝最后的希望。

这个希望的破灭，其实是被崇祯帝自己掐灭的。

孙传庭，字伯雅，山西代县人，和卢象升相似的是，史书上说他"性沉毅，多筹略"，是个性格内向多谋的人物。他也是在天启年间就入京为官，担任过吏部主事，魏忠贤当权时，孙传庭干脆辞官回家，此后十多年一直在家闲住。崇祯年间农民军大起，清军入寇不断，与孙传庭交好的京中陕西、山西籍官员不断有人举荐孙传庭出山，于是崇祯八年（1635年），孙传庭得到启用，先调为顺天知府，次年又擢升为陕西巡抚。

而当时的他，面对的状况，甚至比卢象升早期还困难，此时的陕西已经乱成了一锅粥。更严重的是，卢象升早期练兵，崇祯帝尚能保障物资军饷。到孙传庭这里，却穷得叮当响，最多只给十万两白银，其他要啥都没有。但孙传庭很淡定，只给朝廷提一个要求：不给钱我认了，但我要干什么，朝廷也别管。

孙传庭要干的，其实就是俩事：筹饷、练兵。孙传庭到任后先通过强力手段，收回大量军屯土地，部队有了保障。然后孙传庭恩威并施，逼迫陕西当地的大户与富商分担军饷。孙传庭硬是从这些一毛不拔的铁公鸡身上，源源不断地敲出银子。上上下下的权贵，孙传庭也就得罪个遍。

但孙传庭却不怕，因为他手中也练出了一支强兵：秦军。

比起卢象升有充足时间练兵，孙传庭干脆在实战中锻炼。他的兵源主要来自陕西北部，多是“兵户”家庭的子弟，当地民风尚武凶悍，战斗力本身不差，孙传庭到任后严明纪律，保障军饷，上上下下士气大振。尤其值得一提的是，这支凶悍的秦兵，从饷银到粮食，大多都依靠孙传庭收回的军屯以及陕西当地富户的供应，极少让朝廷买单。

有了这样一支“性价比”极高的军队，孙传庭大展拳脚。崇祯九年（1636年）七月，孙传庭经过数战，多次击败农民军高迎祥部，终在子午谷设伏，将高迎祥部全歼。高迎祥这个一度是明末农民起义军最强领袖的“闯王”束手就擒。崇祯十一年（1638年）一月，孙传庭率部在陕西宝鸡击败农民军，并以“围点打援”的战术，在陕西潼关重创李自成，打得李自成只带八人仓皇逃窜。孙传庭乘胜追击，又南进河南，在河南灵宝大败农民军“十三家联军”。眼见就要取得全胜，又是那个坑死卢象升的杨嗣昌，向崇祯帝提出“招安”，结果张献忠等农民军残部被招安，彻底全歼农民军的机会，就这样功亏一篑。

杨嗣昌之所以和孙传庭过不去，也是因为“路线问题”。作为兵部尚书，杨嗣昌提出了“四正六隅十面网”的剿灭农民军计划，孙传庭同意这一方略，却坚决反对借此方略增兵加饷。对“招安”的农民军，孙传庭更不放心，建议留部队在当地监视，以防他们造反。就这俩事，把杨嗣昌给惹怒了。

崇祯十一年（1638年）的清军入寇事件里，孙传庭也奉命入京救援，但杨嗣昌怕他立功，竟严令不许孙传庭部出战，战后又主张将孙传庭本人调离，留孙传庭的部队拱卫京城。如此

“下山摘桃子”，把孙传庭气得急火攻心，竟致耳聋，但灾祸还没完，得病的孙传庭请求告假，崇祯帝竟认为孙传庭在推卸责任，一纸诏书把孙传庭下狱。

就在孙传庭下狱期间，诚如孙传庭所预料的，农民起义复起，当年因杨嗣昌阻挠而逃生的张献忠部再次扯旗造反，而“四正六隅十面网”的恶果也凸显，被租税逼得活不下去的农民纷纷响应，李自成也再次出山，声势浩大。崇祯十五年（1642年）五月，李自成横扫河南，二围开封，明王朝岌岌可危，无奈之下，崇祯帝只得再次启用孙传庭。

但此时，孙传庭苦心打造的精锐秦兵，已多被裁撤解散，重回陕西的他，手中只有一万多新招募的士兵，毫无作战经验。面对如此烂摊子，孙传庭尽心竭力，死守潼关。他认为，只要潼关不丢，保住陕西，明王朝就能保住平定农民起义的机会。但崇祯帝地却瞎指挥，是年五月，崇祯帝连发诏书，催促孙传庭进兵。带着这支毫无作战经验的军队，孙传庭在河南遭到败仗，不得不退回陕西。他深知李自成下一步的目标必定是入陕，因此在潼关整顿城防，制造火器，意图坚守。然而崇祯十六年（1643年）五月，明王朝再次严令孙传庭主动出击，和李自成决战，明知必死的孙传庭，开始了他人生的最后一战。八月十二日，在襄城之战中，面对李自成的五十万大军，孙传庭再度战败，全军覆没，孙传庭单骑冲入敌阵，壮烈殉国。

孙传庭的战死，让明朝失去了最后一支可以挽救危局的军队和最后一个可以挽救危局的人。与卢象升一样，孙传庭不但是被瞎指挥坑死，更在死后遭到冷遇，一直到明朝灭亡，他都没有得到崇祯帝的追谥。孙传庭战败后，李自成轻易占领了陕西，继而东进夺取北京，灭亡了明王朝。

明朝最后一任首辅

明朝政治的一大特色，便是成熟的文官体制。

这体制的最熬人处，就是层层高不可攀的阶梯，辛苦的攀登之路，更是炼狱般的苦熬。能从中脱颖而出的，全是历经锤炼的高手。

翻开明朝历代名臣的履历，便可知道其中的辛酸。从科场登第的愣头青起，就几经摔打磨练，不是在翰林院的清水衙门里苦熬青春，就是在偏远地区摔打历练，前行路上的每一步，既有明枪暗箭的风险，更是千军万马争独木桥的血战。你踩我踢的玩命互掐，那更是日常运动。待到如愿以偿，成为执掌朝纲的干臣，基本都已满头华发。诸如严嵩、高拱、徐阶、张居正这类风云人物，或忠或奸，但宦海一路，都是这般艰辛熬过。

同样一条奋斗路，明朝崇祯年间的内阁大学士魏藻德，却走得十分轻松愉快。他崇祯十三年（1640年）中状元后，仕途就一路飙升，不到四年时间，即官居内阁首辅，成为大明王朝一人之下万人之上的风云人物。其升迁的火箭速度，前代各路明朝臣工若泉下有知，必然十足地羡慕嫉妒恨。

如此精彩表现，好比一个神功炼成的绝顶武神，轻轻松松就踏平所有障碍。但魏藻德有这般奇迹，还是因为有外力帮忙：崇祯皇帝的恩宠。

在一生凄凉孤独的崇祯皇帝眼里，这个叫魏藻德的好官员，真是满满“正能量”的存在。

崇祯皇帝朱由检发现魏藻德这个宝贝，还是崇祯十三年（1640年）的殿试时。

当时的情景，仿若一位三十岁却已历尽生活磨难早衰的苦命怨妇，在冰冷的尘世间，邂逅了一位柔情贴心的美男，从此有了一段刻骨铭心的水晶之恋，十分生动浪漫。

那些年崇祯皇帝的生活，就是一轮轮悲苦的雨雪风霜：北方的老对头后金已升级换代成“大清国”，破坏力更强，稍微组点兵力打过来，就把大明北方的防线砸得粉碎。看上去很彪悍威猛的大明军队，不是被人追着揍，就是被揍得躲起来。人家饱掠完了大摇大摆撤退，大明军队都不敢露脸送个行。

就连一直被明军追着揍的中原农民起义军，诸如张献忠、罗汝才等，此时胆气也跟着壮，打仗的水平更刷刷地涨，竟也常追着明军揍。后来闹出最大动静的李自成，这时还不太成气候，只有千把人，却也不再一打就跑，竟能硬碰硬地和明军死磕。外加山东、河南轮番的大灾，纷至沓来的内忧外患，闹得崇祯帝心急如焚。

但瞧瞧烂透的官场，崇祯帝的心中却更是冰凉。火烧眉毛的关口，一群满脸忠诚的官员却还在玩命地互掐猛斗。敌人来了躲猫猫，坑起同僚大臣却比赛似的神机妙算、智如泉涌。

好不容易有几位能干活的大臣，平日都是边干活边挨骂，一边扛事一边被坑。典型的巨鹿大战里壮烈捐躯的卢象升，浴血奋战的时候，就被人骂成通敌汉奸，巨鹿决战还没打，精锐就被上司杨嗣昌调走，最后他亲率五千残兵死磕数万八旗精锐，杀得天昏地暗。可直到壮烈捐躯，尸体却被政敌扣下几十天不上报，可谓被坑死到底。

而发展到崇祯帝在位十年左右，这个大明官场的坑人水平，也更到了登峰造极的阶段。就连崇祯帝本人，一不留神也亲自被坑。崇祯帝曾经最寄予厚望的“爱国青年团体”复社，只花了六万两白银上下行贿，就借崇祯帝之手，轻松弄垮了正卖力干活的铁腕阁老薛国观，把庸碌贪鄙的周延儒扶上首辅宝座，而后玩命推行令复社赚小便宜朝廷吃大亏的各类国策，等于给已经水深火热的朝局，结结实实再泼一盆热油。

现实如此残酷，崇祯帝也十分齿冷，甚至越发有了怨妇的性子：每年都会下很多诏书，每个诏书里都在反复表白自己很辛苦，各位大臣太让自己失望，其语气之悲苦，言辞之凄惨，令后世心肠软的历史票友们，也常忍不住抹一把辛酸泪。

但凄苦的崇祯帝，也许其他能力比照列祖列宗都差距极大，却也遗传了明王朝一样好品质：坚忍不拔。再苦再难也要坚强，决不能让大明亡在自己手里。官场糟透了，那就跳开这帮人的掣肘，自己亲自选拔能臣。

于是崇祯十三年（1640年）的科举，就出现了奇特一景：崇祯皇帝亲自出面把关，连续考察了四十八个学子的试卷。然后再把这四十八位才俊一股脑叫来考核。放大镜似的验看，非要找出一个杰出人才不可。

这次考核的方式是加试一道考题：灭贼雪耻。而且答题方式突击灵活，可以直接口述，不讲八股格式，想到什么说什么，言之有理就好。

这新型考法，却似一个高难度瓷器活，当场震傻了四十多个“学霸”。有瞬间紧张得脸色苍白甚至昏厥的，有立刻闭嘴装哑巴的，还有的自作聪明，高谈阔论没几句，被崇祯帝一顿反问句立刻问傻的，也有的壮着胆子吭哧几句，却自己都前言不搭后语的。这些平日里各种风流的才子们，此刻却各种丑态百出。

正当崇祯帝失望的脸眼看要黑成猪肝色时，一句不紧不慢的表述，却立时令他听得满脸油光：“使大小诸臣皆知所耻，则功业自建。”说话的人，正是考生魏藻德。

崇祯帝循声望去，只见这位是年三十五岁的青年，生得满面俊朗，举止落落大方，谈吐更字正腔圆，声音温暖洪亮，端庄稳重的仪态，满满透着亲切，富有磁性的声音，字字敲响心坎，满满的魅力，当场就无法挡。

见皇帝正注目自己，魏藻德却不慌不忙，又十分淡定地自我介绍：“我就是三年前曾经在通州上城抗敌的魏藻德。”

这番话却又更像一阵重重的雷电，崇祯帝的心扉被猛烈一震：他清楚地记得这桩旧事，那是崇祯十一年（1638年）的十月，清军重兵威逼通州，通州地方官集体逃遁，生死时刻正是这位叫魏藻德的举子挺身而出，带领军民上城抵抗。事后他也曾颁布诏书，全国嘉奖此事。原来这位传说中的先进青年，此刻就在眼前。

仿佛一阵春日的细雨，刹那间温润了崇祯皇帝干枯已久的心田。怀着蓬勃汹涌的满心欢乐，崇祯皇帝当场拍板：魏藻德，状元。

虽然入清以后，很多研究者也纷纷吐槽：魏藻德殿试时的答卷论水平讲非常差，中个进士都格外勉强，仅因几句话就坐实了状元郎，实在顺利得荒唐。

但崇祯皇帝却绝不这样想，一见倾心后，他看到的是一个目光锐利、文思敏捷、关键时刻敢于担当的才俊。只要好好培养，将来必成栋梁。

崇祯皇帝对魏藻德的这个判断，并非因为初见时的热情冲昏头脑，相反有些确实是正确的。

有明一代的状元中，魏藻德的能力特长，都是十分特殊的一位。魏藻德不止是长得好，口才更是特别好。魏藻德最擅长辩论词锋，谈吐水平十分高。多么尖锐的问题，都能叫他在和风细雨中，巧妙地说得对手心悦诚服。有些明朝遗民的笔记里甚至说，明朝能在这个本事上和他较真的，只有弘治中兴时代以“尤侃侃”著称的谢迁。

俊朗善谈的魏藻德，入仕之后更令同僚交口称赞的，更有极好的群众关系。魏藻德最早做修撰的时候，不但任劳任怨、多劳多干，还十分擅长调解同事矛盾。特别令崇祯皇帝感动的是，不但同僚总说魏藻德好，连阁老陈演都对他青眼有加，常当众把他夸成花儿。自从魏藻德入仕后，走到哪里就团结到哪里，工作氛围从此和谐。

当然最令崇祯皇帝坚定判断的，则是魏藻德一系列温暖的表现。此人的心思十分细密，揣摩别人心态的能力极强。领导的一个动作眼神，立刻就能心领神会，做出正确的判断。魏藻德说话办事都十分符合崇祯皇帝心思。每当崇祯皇帝为国事忧烦的时候，就喜欢叫魏藻德独对，魏藻德几句话讲完，就会说得崇祯皇帝心里暖洋洋，郁闷情绪顿时一扫而空。

如此心贴心的“暖男”，当然要格外宠信。崇祯十六年（1643年）魏藻德就加封了礼部侍郎，且官拜东阁大学士，成了大明重量级的阁老。别人要奋斗几十年的人生，他三年就奋斗出来了。这番火速提拔，整个大明三个世纪，都堪称空前绝后。

提拔魏藻德这件事，在相当长的时间里，都令崇祯皇帝非常自鸣得意。比如崇祯十六年（1643年）科举后，他给新科进士们训话时，还特意搬出魏藻德来说事。意思是你们好好干，加官晋爵是转眼间的事。

而对这位宝贝状元，哪怕国家大事上，崇祯帝也常宠得不行。这时大明内外战争升级，军费开支激增，外加自薛国观罢官上吊后，大明在复社的鼓噪下推行起缺心眼的新财政政策，更闹得眼看就揭不开锅。崇祯皇帝也终于硬下心肠，逼文武百官捐钱。眼看一群皇亲国戚哭天抢地求饶都没用，魏藻德却挺身而出了，一番慷慨激昂的演说，赌咒发誓说百官清正廉洁，打死都拿不出钱。结果真把崇祯皇帝再次感动了：你都说没钱了，那就是真没钱了。我相信你，大家别捐了。

但自以为找到“真爱”的崇祯皇帝却至死也想不到，这个满满温暖的魏藻德，其实是个怎样龌龊的“渣男”。

如果说崇祯皇帝觉得在魏藻德出现之前，他经常被大臣坑。那么真实的事实是，跟魏藻德相比，之前的那些人、那些事都根本不算坑。

就以这魏藻德早年通州抗敌的壮举说，其实真正带领军民冲在一线浴血杀敌的，是当地贡生刘廷训，刘老英雄不畏枪林弹雨冲在一线，最终壮烈殉国。魏藻德只是在后面嚷嚷了两嗓子。刘老英雄殉难后魏藻德又主持了葬礼，前后抢够了风头，领功的时候又带头跳了出来。外加他活动能力极强，上下一番运作，终于占上这个大便宜，在崇祯皇帝心里先混了个“脸熟”。

而自从入仕之后，他以超高的情商，将这让困难、抢荣誉的投机本事，更修炼到炉火纯青的地步。先是看准了朝中政治斗争的风头，顺利攀上了内阁大学士陈演这条线，从此两人互推互赞，常在崇祯皇帝面前上演团结工作的感人戏码，外带里外密切合作，终于把老牌首辅周延儒成功挤走，坐稳了文官集团的领军位置。

上面这几件事，也都是官场中的常见套路，算不上大恶。可一个合格的政治家，除了需要卖力整人，更要认真干活。而这一条，却恰是魏藻德的短板了。

当然对魏藻德来说，这还不算是个难事：会不会干活不重要，让崇祯皇帝觉得很会干活且在努力干活就好。

这样一来，事情就变得简单了。每次遇到国家大事，先不要考虑应该怎么办，而是充分考虑崇祯皇帝想怎么办。前者魏藻德一窍不通，后者魏藻德却驾轻就熟。朝政的坏消息连串到来，魏藻德不慌不忙，仔细揣测，每次只要崇祯皇帝召见询问，都能准确捏对崇祯皇帝的心思，虽然解决不了啥问题，却一如既往，哄得崇祯皇帝高兴。

除了捏对心思外，魏藻德也更懂跟对人的道理。卖力地紧跟住阁老陈演，每次陈演有啥主张，他必然十分赞同。陈演想要整治啥人，他更是极力逢迎，卖力地帮腔做事。这陈演可不是个善茬，除了贪就是混，国家大事更是帮倒忙。这时李自成已经闹得大兵压境，京城危机万分，唯一能指望得上的办法，就是调辽东吴三桂部保卫京城。但就是这个救命提议，陈演却拼命反对。魏藻德作为死党，自然也跟着帮腔。这么来回折腾，大明的黄金救命机会，也就无情地错失了。

直到宣大都失陷了，陈演这才明白，自己捅出来一个多大的娄子。此人鼻子也灵，赶紧辞官撂挑子，先顺利办了退休手续。内阁首辅的宝座，也就由魏藻德接班。科举登第仅四年，魏藻德就成为百官之首的内阁首辅，如此奋斗奇迹，堪称明代第一。

但开创奇迹容易，坐稳位置却难。此时的李自成，已手握近百万大军，高歌猛进地朝北京城杀过来。

大权在手的魏藻德，也终于暴露了其无能本色。每次国家大事都充哑巴，再不见初见崇祯皇帝时慷慨激昂的风采，急得崇祯皇帝有次几乎是哭着恳求他：你还有什么主意，只要你说我一定照办。真是继续把魏藻德当救命英雄。可魏藻德只知道低垂着头，半句话也说不出。

但魏藻德却不知道，他已经错过了最后一次可以救崇祯皇帝命的机会。因为这时候，兵临北京的李自成主动提出要和崇祯皇帝议和，只要崇祯皇帝能封他爵位，他就愿意罢兵修好，甚至可以杀到前线替明朝挡皇太极。

但如此重大的政治责任，崇祯皇帝一个人实在不敢担，只好拉着魏藻德一起担，可天生属泥鳅的魏藻德，又哪里是担事的料，只是咬死了不说话。他不说话，崇祯皇帝也心里没谱，这事就这么黄了。崇祯皇帝最后一次续命的机会，也就黄了。

一直到崇祯十七年（1644年）三月十七日，李自成的大军已经开始攻打北京城了，太常卿吴麟征心急火燎地跑进宫去报告军情，却被宫门外的魏藻德拦了下来：皇上洪福齐天，大明一定能度过劫难，你就别来添乱了。

两天以后的清晨，崇祯皇帝自尽于煤山。魏藻德坑皇帝的宦海生涯，也就此落幕了。

北京沦陷，崇祯皇帝自尽，悲情的现实，令许多明朝臣工都十分愤懑。宫里的柔弱宫女们争相自尽，以生命为这个王朝殉葬。还有如范景文等大臣也自尽以死明志。但作为京城里大明王朝最高级别官员的魏藻德，反应却十分淡定。每天外面乱哄哄，他却悠闲地在家读书做画，逍遥自在，给农民军摆够了名士的姿态。

摆姿态的背后，却是精心设计的算盘：自己不过四十岁，又是名满天下的政坛大佬，还是大明的状元郎，这年富力强的名士，农民军还不得当宝一样供着？等着新朝开基，一统天下，自己荣华富贵的好日子，依然长着呢！

但农民军却没这么善解风情，魏藻德等了没几天，没等到农民军的热情邀请，等到的却是如狼似虎的兵丁。人家根本不稀罕这位所谓名士，人家稀罕的只是官僚们传说中的万贯家财。攻克北京的李自成，推行了残酷的追赃制度，严刑峻法逼京城的达官显贵们交出财产。内阁首辅魏藻德，正是他们眼中的小肥羊一头。

于是魏藻德人生中最黑暗也最无耻的一刻，就此大幕拉开：首先是被农民军绑了去拷问。这时他还心存幻想，反复辩解说自己愿为农民军效力，捎带添油加醋，大骂崇祯皇帝无道。如此深情款款的表白，立刻换来农民军大将刘宗敏两下响亮的耳光：崇祯皇帝点你当状元，不到五年就把你提拔成内阁首辅，他有什么对不起你的，你竟然说他无道？

对这不要脸的人，农民军也真不客气，关起来严刑拷打了五天，夹棍等酷刑用到手发软，把个风度翩翩的内阁首辅，折磨得没个人模样。就这样像挤牙膏一般，陆续从他家榨出了数万两白银。参考明朝官员的俸禄就知道，这个口口声声给崇祯皇帝表白自家穷，干了不到一年大学士的好官员，除了坑皇帝，也从来没少捞。

但对这些钱，农民军很不满意，于是魏藻德越掏钱，用刑越加剧，钱还没榨完，魏藻德就给打得脑裂，这位崇祯年间最后一位内阁首辅，就这样悲惨地死在了狱中。魏藻德的儿子，也随后被农民军活活砍死。

而这位坑了一辈子皇帝的官员，临终前悲愤的遗言几百年间或许依然令人警醒：没有为主尽忠报效，有今日，悔之晚矣！